그래서 사랑입니다

그래서 사랑입니다

글 · 그림 | 형지 법사

참글세상

그래서 사랑입니다.

차가운 길을 걸었고
아직 새벽이 오지 않은 밤길을
걸었습니다.

혼자서 걸었고 좁은 길,
오래 걷는 길을 걸었습니다.

때론 험한 길,
아무도 가지 않은 길을 걸었습니다.

눈 오는 날, 비오는 날
햇볕 쨍쨍 내리 쬐는 날에도
묵묵히 길을 걸었습니다.

늘 뒤에 있었고 숨어 있었고
잘 보이지 않았습니다.

길 위에 서서 멈칫거렸고
어디를 가야 하는지 모를 때도 있었습니다.

그때마다 당신이 있었습니다.

차가운 길을 따뜻하게 비춰 주시고
캄캄한 밤길 너머 새벽이 있음을 일깨워 주셨습니다.

언제나 당신은 다정히 제 귀에 속삭이셨고
좁은 길 오래 걷는 길을 기뻐하셨습니다.

때론 험한 길,
아무도 가지 않은 길을 힘들어 할 때
당신은 저보다 먼저 가셔서 손짓하고 계셨습니다.

눈 오는 날, 비오는 날
햇볕 쨍쨍 내리 쬐는 날에도
묵묵히 당신은 끝까지 저를 지켜 주셨고

늘 뒤에서 숨어서

함께 슬픔을 안아 주셨습니다.

당신이 있기에 제가 있습니다.

당신의 눈물, 당신의 기쁨
당신의 미소가 저를 축복하고
저를 살아 있게 합니다.

감사합니다.
끝없는 눈빛으로 사랑을 쏟아 주시는 분,
당신의 숨소리가
제 언 가슴을 모두 녹입니다.

기쁩니다.
이제는 혼자가 아닙니다.

더 이상 주저하지 않겠습니다.
당신과 하나 되어 영원히 빛나는 이 길을 걷겠습니다.

혼자 걷는 사람
좁은 길, 험한 길, 아픈 길을 걷는 이의
친구가 되겠습니다.
당신께서 남기신 체온으로

그들의 손이 되고 발이 되겠습니다.
아낌없이 하나가 되겠습니다.

그래서 사랑입니다.

매일같이 기도하는 마음으로 글을 썼습니다. 누군가에게 보여주기 위한 글이 아니라 혼자서 하는 고백이었습니다. 머리가 맑아지고 가슴이 따뜻해지는 글, 설득하기보다 가슴으로 안아 주는 글, 꾸밈없이 진솔한 글을 쓰고 싶었습니다. 그렇게 날마다 쓰여졌던 글들이 어느 새 한 권의 책으로 묶여 세상으로 나간다 생각하니 가슴이 설렙니다.

여기에 있는 글들은 그동안 부대 장병들에게 매일같이 편지로 보냈던 글들을 모은 것입니다. 세상과 단절된 이 폐쇄된 공간에서 나라를 지키고자 애쓰는 많은 장병들에게 아침마다 인사하며 나눴던 글들입니다. 그 착한 영혼들과의 교감이 저에게는 무척이나 새롭고 감동적이었습니다.

부대가 아닌 곳에서는 유일하게 불교상담개발원 홈페이지에 글을 게재하였습니다. 불교상담개발원 창립 당시부터 썼으니 10년이 넘었습니다. 이 오랜 시간 동안 늘 제 가슴을 설레게 하고 새벽아침처럼 영혼을 씻어 주신 수많은 스승님들이 계십니다. 그 스승님들 덕분에 부족한 제가 그나마 덜 부끄러운 사람이 되었습니다. 고맙습니다. 감사합니다.

언제나 맑고 고요한 경지에서 저를 이끌어 주신 저의 은사 용타 큰스님과 저에게 인생을 가르쳐 주신 아버님, 그리고 사랑밖에 모르셨던 어머니, 제 글을 기다리고 읽어 준 수많은 인연들, 참글세상 이규만 대표님, 끝으로 묵묵히 저를 도와 주었던 전용화 군종병에게도 깊은 감사의 인사 말씀을 드립니다.

고맙습니다.

행복합니다.

2011년 8월 4일

눈부신 아침, 형지 두손 모음

차 례 _ ✿

제6장  가장 마지막에 깨달은 사랑

욕심도 끝이 없고 —— 사랑도 끝이 없습니다.

이왕이면 —— 사랑을 욕심내고 —— 욕심을 사랑할 수 있다면 —— 좋겠습니다.

혼자 갖고자 —— 하면 —— 욕심이지만

함께 나누고자 하면 —— 사랑입니다.

제1장

초
코
파
이
사
랑

보석을
알아주는 당신

군부대 내 체육관에서 탁구를 쳤습니다. 함께 친 분들이 워낙 실력이 좋은 분들이어서 처음엔 구경만 하다가 얼떨결에 치게 되었습니다.

간만에 땀을 많이 흘리게 되었지요. 탁구라는 것이 공은 자그만 해도 운동량은 상당합니다. 어제 옷을 빨고서 새로 입었는데 흐르는 땀은 전혀 생각해 주지 않더군요. 함께 운동을 한 분들께서 저를 많이 배려해 주어서 정말 재미있게 탁구를 쳤습니다.

오랜만에 탁구를 신나게 치고 밖으로 나오니 제법 굵직한 비가 쏟아지고 있었습니다. 갈 때는 비가 오지 않아 우산이 없어도 괜찮았지만 상황이 달라졌습니다. 다행히 함께 탁구를 친 분께서 우산을 빌려주어 일행과 함께 무사히 법당으로 돌아올 수 있었습니다.

아무리 보석이 빛나고 있어도 그 보석을 알아주는 사람이 없으면 그냥 돌
멩이에 불과한 것이잖아요.

돌아오는 길에 우산 속의 일행이 그러는 것이었습니다.

"아까 탁구를 쳤던 분 중에 정말 훌륭한 사람이 있어요."

"네?"

"한참을 곁에서 보았는데, 그렇게 사람을 배려하고 다른 사람 입장에서 생각해 주는 사람을 지금까지 보지 못했거든요."

"네……."

"제가 그 사람 덕분에 많은 것을 배웠어요. 부모님, 가족, 주변 모든 사람에게 다 잘해요. 아무리 힘든 상황에서도 언제나 웃는 얼굴이에요. 늘 밝아요."

"와! 정말 대단한 분이시네요. 그렇게 다 잘하기가 쉽지 않은데, 팔방미인이시네요."

"맞아요, 팔방미인이에요. 심성이 좋아서 모두에게 잘해요. 그런 사람 정말 보기 쉽지 않아요."

빗줄기가 계속 굵어졌습니다. 아무리 큰 우산이더라도 쏟아지는 비를 다 막아주지는 못하듯 한쪽 어깨와 다리 부분이 흥건히 비에 젖었습니다.

"그런데 이거 아세요?"

"네?"

"아무리 보석이 빛나고 있어도 그 보석을 알아주는 사람이 없으면 그냥 돌멩이에 불과한 것이잖아요."

"……."

"그러니까, 보석이 중요하지만 그 보석을 볼 줄 아는 사람도 역시 보석이죠."

"그런가요?"

"네, 충분히 그렇습니다."

"감사합니다. 법사님 덕분에 저도 보석이 되었네요?"

"하하하……."

쏟아지는 빗속이었지만 우산 속에서 빛나는 보석의 향기가 주변을 가득 채우고 멀리멀리 퍼져나갔습니다.

* * *

참 아름다운 이야기입니다. 보석보다 빛나는 보석으로 사시는 분들이 많다면 얼마나 좋을까요? 하지만 주변을 보면 다른 사람을 칭찬하기보다 오히려 그 사람의 부족함과 잘못을 탓하는 분들이 더욱 많은 것 같습니다. 그래서 사람들은 더더욱 칭찬에 목말라 하는 것이고, 칭찬을 받지 못하기에 자신도 누군가를 칭찬할 수 없는지 모릅니다.

누군가를 칭찬하는 사람, 다른 사람을 인정하는 사람들이 많아질수록 세상은 더욱 밝아지고 눈부신 빛으로 가득하지 않을까요? 오늘은 어떤 분을 칭찬할까요?

보석을 알아보는 당신이

보석입니다.

꽃을 바라보는 당신이
꽃입니다.

가슴 속에 빛나지 않는 것은
바깥에서도 빛나지 않습니다.

두 눈 속에 간직되지 않은 것은
어디에서도 찾을 수 없습니다.

당신의 미소가
수많은 별들을 빛나게 하고

당신의 향기가
세상의 꽃들을 피어나게 합니다.

보석을 알아보는 당신이
보석입니다.

꽃을 바라보는 당신이
꽃입니다.

초코파이로 하는
사랑 🌿🌸

비전 캠프 병사들을 교육하던 중에 생긴 일입니다. 모두들 군 생활이 힘들고 적응하기가 어려운 병사들을 대상으로 하는 교육이었기에 처음부터 그리 호응도와 집중도가 원활하지 못했습니다. 어느 정도 시간이 흐르면서 처음 어색했던 분위기가 바뀌었지만 그리 밝지만은 않았습니다.

쉬는 시간을 주고 다시 교육을 시작하자 여전히 힘든 표정을 짓고 있는 병사와 환한 얼굴로 밝게 미소 짓는 병사들이 눈에 띄었습니다. 그 때였습니다. 분위기를 바꾸기 위해 미리 준비해 간 초코파이를 병사들 앞에 꺼내놓자 너나없이 모두들 환호성을 질렀습니다. 총 14명이었고 1인당 초코파이를 3개씩 나누어주자 모두들 초코파이 3개씩은 처음 받아본다며 기쁜 표정들이었습니다. 3개씩 다 나누어 주고도 몇 개의 초코파이가 남게 되었습니다.

"초코파이 더 먹고 싶은 사람?"

너도 나도 손을 들고 아우성을 쳤습니다. 도저히 숫자가 맞지 않았습니다. 다시 손을 내리게 하고 이번엔 색다른 제안을 했습니다.

"자기가 먹고 싶은 것이 아니라 다른 사람에게 초코파이를 주고 싶은 사람?"

그러자 이번엔 소란스러운 모습이 보이질 않았습니다. 모두들 서로 눈치만 보다가 몇몇이 다시 손을 들었습니다.

"누구에게 주고 싶은 거야?"

"예, 저는 처음부터 저에게 따뜻한 관심을 보여준 ○○○병사에게 초코파이를 주고 싶습니다."

"그래? ○○○병사 어디 있나?"

그러자 부끄러운 얼굴로 한 병사가 손을 들었습니다. 약속했던 대로 그 병사에게 초코파이를 주었습니다. 그러자 다른 병사들이 박수를 치며 함께 기뻐하였습니다.

계속해서 손을 드는 숫자가 늘어났습니다.

"웃는 얼굴이 너무나 멋진 병사가 있습니다. 그에게 초코파이를 주고 싶습니다."

"사랑이 더욱 많이 필요해 보여서 초코파이를 ○○○병사에게 주고 싶습니다."

"누구보다 많은 용기가 필요한 ○○○병사에게 초코파이를 주고 싶습니다."

서로서로 칭찬과 격려 속에서 초코파이를 나누어 주다 보니 어느덧 초코파이를 다 나누어 주게 되었고 딱 한 개가 남았습니다.

"어……. 초코파이가 한 개 남았네, 자 마지막으로 이 초코파이를 주고 싶은 사람?"

그러자 이번엔 서로 말을 못하고 잠시 정적이 흘렀습니다. 바로 그 때였습니다. 살이 도톰하게 오른 병사가 용감하게 손을 들었습니다.

"네, 한 사람을 추천하고 싶습니다."

"그게 누구지?"

"바로 법사님이십니다. 우리들에게 좋은 말씀을 해 주시고 감동을 주셔서 법사님께 초코파이를 드리고 싶습니다."

그러자 다른 병사들도 모두 환하게 웃으며 박수를 쳤습니다.

"그래, 고맙다."

마지막 남은 초코파이를 저에게 주고 싶다는 그 병사의 얼굴이 정말 눈부시게 빛났습니다.

"법사님 드세요"

모두가 합창을 하였습니다.

어느새 짧은 시간이었지만 서로 마음을 나눌 수 있는 따뜻한 만남의 시간이 되었던 겁니다.

"이건 내가 먹는 것보다 나를 추천한 병사가 먹으면 좋겠다." 하면서 마지막 남은 초코파이를 그 병사에게 건네주자 모두들 다

초코파이를 자신들도 먹고 싶었겠지만 누군가를 위해서 베풀 수 있는 마음
의 여유를 통하여 '나' 아닌 '우리'를 깨닫게 할 수 있는 의미 있는 만남이었습니다.

시 한 번 박수를 쳤습니다.

참 따뜻한 정이 흐르는 아름다운 시간이었습니다.

* * *

나눔이란 것이 무엇인 줄 깨닫게 해 주는 좋은 시간이었습니다. 초코파이를 자신들도 먹고 싶었겠지만 누군가를 위해서 베풀 수 있는 마음의 여유를 통하여 '나' 아닌 '우리'를 깨닫게 할 수 있는 의미 있는 만남이었습니다.

저에게 초코파이를 선물해 준 병사 얼굴이 너무나 사랑스럽게 빛납니다.

어쩜, 그런 생각을 할 수 있었는지⋯⋯. 참 행복했습니다.

혼자 갖고자
하면
욕심이지만

함께 나누고자 하면
사랑입니다.

가진 것을

더 가지려 하면
욕심이지만

베풀수록
더 베풀고자 하면
사랑입니다.

욕심도 끝이 없고
사랑도 끝이 없습니다.

이왕이면
사랑을 욕심내고
욕심을 사랑할 수 있다면
좋겠습니다.

혼자 갖고자
하면
욕심이지만

함께 나누고자 하면
사랑입니다.

당신이
웃어야 하는 이유 🌸

얼마 전 어느 군장교가 전철 안에서 TMO에 전화를 걸어 기차 예약을 하는 중이었습니다. 그와 동시에 맞은 편 쪽에 있던 병사와 눈을 마주치게 되었습니다. 병사는 TMO라는 익숙한 소리에 앞을 바라본 것이고 장교는 병사의 복장을 보고 금방 군인임을 알 수 있었습니다. 손을 흔들어 가볍게 인사를 나누곤 서로 상대방의 옆자리로 이동을 하려 자리에서 일어서자 장교가 먼저 병사 옆으로 다가갔습니다.

옆자리에 앉아 이런저런 이야기를 나누다 보니 놀랍게도 같은 부대의 병사였고 마침 병사가 자신을 잘 안다는 것이었습니다. 깜짝 놀라 물어보니 병사는 위병조장의 임무를 맡고 있어 아침, 저녁 출·퇴근하는 장교의 모습을 자주 보았다는 것이었습니다.

"지금 어디 가는 건가?"

"제대가 얼마 남지 않아 틈틈이 공부해 두었던 자격증 시험을
보러 갑니다."

"그래? 대단하네. 다른 사람들은 하루하루 보내는 것도 힘들어
하는데 언제 공부를 한 건가?"

"감사합니다. 군대라는 곳이 하루하루를 힘들게 생각하면
한없이 힘들지만, 또 괜찮다고 생각하면 한없이 자기 계발
을 할 수 있는 시기라 생각합니다."

"야, 멋지다. 정말 대단한데?"

"저보다 더 열심히 바쁜 시간을 쪼개어 자기 계발을 하는 병사
들도 많습니다."

"자! 받아."

간부가 만 원짜리를 꺼내어 병사에게 내밀었습니다. 병사가 쭈
뼛거리고 있자,

"오늘 시험에서 만점 받으라고 만 원짜리 주는 거야. 그러
니 부담 없이 받아. 알았지?"

그때서야 병사는 환한 미소를 지으며 만원을 받았습니다.

"감사합니다. 왠지 아침부터 저에게 행운이 쏟아지는 것 같습
니다. 꼭 만점 받겠습니다. 충성!"

우렁찬 병사의 목소리가 전철 안을 가득 채우고 충성의 메아리
가 사방으로 퍼져 갔습니다.

만점을 받으라며 만 원짜리 지폐를 건네준 장교의 따뜻한 마음이 바로 보이지 않는
곳에서 묵묵히 우리 **따뜻한 국군**을 만드는 큰 원동력이 아닌가 생각합니다.

*　*　*

TMO라는 단어 하나가 맺어준 아주 특별한 인연입니다. 바쁘다 보니 서로 모른 채 지나갈 수도 있었지만 어떤 인연의 힘이 두 사람을 특별한 만남으로 이어 줍니다. 군대라는 공통분모를 가진 장교와 위병조장의 우연한 만남이 전철 안에서 더 가깝고 소중한 인연으로 승화됩니다.

바쁘고 힘든 군 생활 가운데서도 자기 계발을 준비한 병사와 그 병사를 지나치지 않고 따뜻한 관심을 보여준 장교가 너무나 멋집니다.

특히, 만점을 받으라며 만 원짜리 지폐를 건네준 장교의 따뜻한 마음이 바로 보이지 않는 곳에서 묵묵히 우리 따뜻한 국군을 만드는 큰 원동력이 아닌가 생각합니다.

오늘은 어떤 기쁨을 나누어야 할까요?

이 세상에
우연이 없음을
감사합니다.

이 세상에
사소함이 없음을

감사합니다.

이 세상 모든 것이
인연으로 가득 차 있고
특별한 만남으로 맺어진 것을
감사합니다.

이 우주에서
가장 가까운 인연,
다른 별로 가지 못한 이유가
바로 당신 때문입니다.

내가 눈 감고
내가 숨 쉬어야 할 이유가
바로 당신입니다.

소중한 만남
감사한 인연 앞에
그저 고개를 숙입니다.

당신이 웃어야
나도 웃습니다.

당신이 떠나야
나도 떠납니다.

당신이 있음에
이 지구가 눈부십니다.

사랑합니다.
사랑합니다.

나의 소중한 인연…….

사랑하는 마음
하나로……

　며칠 전 갑자기 몰아닥친 한파로 모든 것이 꽁꽁 얼어버리고 사람의 인적마저 끊겨버린 시간, 바람이 쌩쌩 귓볼을 때리는 늦은 밤이었습니다. 갑자기 필요한 물건이 있어 사택 근처 마트에 들러 상품을 고르고 있는데 어디선가 낯익은 목소리가 들렸습니다.

　"법사님, 안녕하세요?"

　소리 나는 곳을 돌아보니 그 목소리의 주인공은 놀랍게도 처장님이었습니다.

　"아, 네……. 처장님."

　갑자기 예상치 못한 곳에서 처장님을 뵙게 되니 반가움보다 놀라움이 앞섰습니다.

　"어떻게 이 늦은 시간에……."

유난히 추운 날이어서 그런지 눌러쓴 모자 사이로 처장님의 두 볼과 코끝이 이미 빨갛게 얼어 있었습니다.

"안사람이 홍시를 먹고 싶다고 해서……."

순간 깜짝 놀랐습니다. 이 추위에도 아랑곳없이 아내가 먹고 싶어 하는 홍시를 사 주기 위해 나왔다니, 가족을 향한 따뜻한 사랑이 아니고서는 불가능한 일이었습니다.

"대단하십니다. 부인께서 행복하시겠어요."

"허허, 이 정도 가지고 뭘요."

"아닙니다. 정말 대단하십니다."

유난히 추운 날이었지만 찬바람을 녹여주는 따뜻한 마음을 만나게 되어 갑자기 몸과 마음이 훈훈해졌습니다.

* * *

부대에서 높은 지위를 가진 분이시기에 조금은 어렵고 근엄한 줄로만 알았는데, 그날 이후 따뜻하고 소박한 모습이 떠올라 좀 더 편하게 만날 수 있었습니다.

아내가 먹고 싶어 하는 홍시를 사주기 위해 추위를 이겨내고 밤길을 나오신 처장님은 아마도 부하들의 마음도 따뜻하게 헤아려 주는 그런 분이 아니신가 생각됩니다.

인간적인 행복과 성취가 없다면 아무리 사회적 성공을 이루었다 해도 그건 행복의 일부분만을 경험하는 것이겠지요.

이 작은 홍시 속에 _____ 당신의 커다란 마음이 있네요.

이 사소한 배려 속에 _____ 당신의 놀라운 사랑이 있네요.

바람 부는 날,
눈 속을 헤치고
가져온 빠알간 홍시,

그 홍시를
어떻게 먹을 수 있을까요?

당신이 가져온 홍시는
제 가슴 속 깊이
꿈처럼 녹아내립니다.

사랑으로 목마른 영혼에
기쁨의 눈물로
한 방울 한 방울 수혈을 시켜 줍니다.

이 작은 홍시 속에
당신의 커다란 마음이 있네요.

이 사소한 배려 속에
당신의 놀라운 사랑이 있네요.

사랑하는 마음 하나로
모든 역경을 이겨낸 당신,

정말 고마워요.

사랑하는 마음 하나로
눈부신 기적을 이루신 당신,

그 따듯함이
제 언 마음을 모두 녹여 주시네요.

바람 부는 날,
눈 속을 헤치고
가져온 빠알간 홍시…….

폭우를 뚫고 온
사람

며칠 전 폭우가 쏟아지던 날에 먼 곳으로부터 저를 찾아온 부부가 있었습니다. 사연을 들어본즉, 그만 남편이 공문서를 잘못 사인하여 감찰기관으로부터 조사를 받고선 그 결과로 감봉 및 호봉 누락, 부대 전출이라는 뜻밖의 상황 속에서 겪었던 억울한 심정들이었습니다.

"법사님, 정말 어려운 일에 처해보니 사람들의 속내를 알게 되겠더군요. 그렇게 형님 동생하며 친했던 사람들이 한 순간, 완전히 다른 사람이 되어 저를 모른 체하고 오히려 불리한 진술을 하는 것입니다. 돈 잃고 사람 잃고 앞으로 어떻게 살아가야 할지 모르겠습니다. 저는 이제 아무런 희망이 없어졌습니다."

그리곤 긴 탄식을 쏟아냈습니다.

"그동안 억울하고 분한 심정으로 참 많이 힘드셨겠습니다. 하지만, 끊임없이 분노하고 다른 사람을 원망하는 마음으론 그 고통에서 영원히 벗어날 수 없을 겁니다. 일이 어찌 되었든 본인이 저지른 실수와 잘못들을 먼저 인정하셔야 합니다. 전부가 아니더라도 일어난 일에 대해서 어느 정도 자신의 책임을 인정하고 그 결과를 담담히 받아들일 수 있다면 억울한 심정이 그만큼 가라앉을 겁니다. 세상은 모두가 인연의 법칙이니 내가 원하지 않는 일들이 생겨도 그냥 끌어안을 수밖에요."

어느 정도 마음이 안정이 되었는지 남자는 이렇게 고백을 하였습니다.

"이젠 제가 믿을 사람은 집사람밖에 없습니다. 제가 가장 힘들고 억울할 때 저를 이해하고 제 편이 되어준 유일한 사람입니다. 사실 이 얘긴 한 번도 집사람한테 한 적이 없는데 너무나 억울하고 분해서 그만 몇 통의 유서를 써놓고 죽으려 한 적도 여러 번 있었습니다. 하지만 그때마다 아내가 제 곁에서 살아 있어야 할 이유를 진심으로 일깨워 주었습니다. 이젠 마음 많이 비웠습니다. 살다 보면 좋은 일이 있지 않겠습니까?"

그러면서 자조 섞인 한숨을 다시 내쉬었습니다. 그때 제가 큰소리로 말하였습니다.

"아니요. 살다 보면 좋은 일이 생기는 것이 아니라 현재 살아 있는 그 자체가 가장 좋은 일입니다. 이보다 더 좋은 일이 어디 있겠습니까? 특별한 일, 대단한 행운을 찾으려 하지 마시고 가장 밑바닥부터 다시 시작하십시오. 현재 살아 있는 것이 얼마나 놀랍고 감사한 것인지 다시 한 번 느껴보십시오."

"네, 법사님……."

"불행 중 다행이라고 이 억울한 순간에도 여전히 당신을 믿고 의지하는 사람이 있습니다. 감봉이 되었다지만 그래도 꾸준히 월급이 나오고 있지 않나요? 한 몇 년 늦게 진급했다고 생각하면 되고, 사랑하는 아내와 든든한 가정이 있는데 뭘 절망하시겠습니까? 살아 있는 이 순간이 가장 큰 재산입니다. 자세히 보면 억울해할 것보다 감사할 것이 더욱 많지요."

"네, 맞습니다."

부부는 환한 얼굴이 되어 서로의 손을 꼬옥 붙잡았습니다.

"이렇게 좋은 말 들으려고 저희들이 빗속을 뚫고 여기까지 오게 된 것 같습니다. 사실은 비가 너무 쏟아져서 중간에 그냥 가려고도 생각했는데, 정말 잘 온 것 같습니다. 그리고 오면서 생각해 보니, 정말 오랜만에 둘만의 데이트도 즐기게 된 것 같구요. 이제 돌아가면서 더욱 많은 이야기를 나누겠습니다. 정말 고맙습니다. 법사님……."

여전히 비가 내렸습니다. 올 때보다 훨씬 가벼운 표정으로 떠나는 부부에게 우산 속에서 손을 크게 흔들어 주었습니다. 가슴속의 큰 희망을 향해 두 사람이 달려가고 있었습니다.

살아 있음을 진정 감사하고 기뻐할 수 있다면 더 큰 행복과 보람을 성취할 수 있을 겁니다.

* * *

그 억울하고 분한 심정은 무엇으로도 달랠 길이 없었을 겁니다. 하지만 잘못된 상황을 분석하고 따지면서 우울해한들, 그 분한 마음은 사라지지가 않지요.

우린 무엇이 억울한 것인 줄을 진정 모릅니다. 세상에 속는 것이 억울한 것이 아니라 나에게 속고 사는 것이 진정 억울한 것이지요. 어딘가는 나보다 더 억울한 사람도 있는데 혼자서만 완전하려는 것도 욕심이지요.

억울하고 분한 심정을 겪었지만 그러면서 진실된 아내의 마음을 깨닫게 되었으니 잃어버린 것만 있는 것은 아니지요. 살아 있음을 진정 감사하고 기뻐할 수 있다면 더 큰 행복과 보람을 성취할 수 있을 겁니다.

사는 것이
가장 큰 기쁨입니다.

살아 있는 것이
가장 큰 희망입니다.

당신은 축복받고 있습니다.

이 놀라운 삶의 신비를
느껴보십시오.

억울해하지 마십시오.
너무 쉽게 분노하지 마십시오.

신기루와 같은 꽃밭에서
무엇을 붙잡고 슬퍼하지 마십시오.

때가 되면 피어나고
때가 되면 시드는 것입니다.

모든 것에는 법칙이 있습니다.
당신의 삶을 축복해 주십시오.

가장 낮은 자리에서 바라보는 것이
가장 큰 영광입니다.

세상을 우러를 수 있는
특권을
당신은 선물 받았습니다.

사는 것이

가장 큰 기쁨입니다.

살아 있는 것이
가장 큰 희망입니다.

자신도 어쩔 수 없는 막다른 삶의 구석에서 벌벌 떨고 있을 때, 모든 것이 귀찮고 두려움으로 가득 찼을 때, 그 때 나타난 사랑하는 사람의 진실 된 믿음

이 남자를 다시 희망과 기쁨으로 가득 차게 만듭니다.

제2장

사
랑
이
희
망
이
다

당신은 생각보다
괜찮은 사람

취업 준비를 한 지 몇 년이 흘렀지만 연거푸 시험에서 떨어진 사람이 있었습니다. 이제는 자신감을 상실하고 무기력증에 빠져 새로 무언가를 시작한다는 것이 귀찮았습니다. 사람을 만나는 것도 꺼려지고 세상이 점점 두려워졌습니다. 아무런 희망 없이 깊은 절망 속으로 잠겨 들어갔습니다.

그 사람에겐 몇 년째 사귀고 있는 여인이 있었습니다. 어느 날 여인과 자리를 같이했습니다.

"헤어지자."

"왜요?"

"나 같은 놈하고 있어 봤자 아무런 희망도 없을 테니 그만 헤어지자."

"……"

"나는 내가 잘 알아. 당신이 알다시피 그동안 되는 게 뭐가 있었어? 그동안 이것저것 안 해 본 것 없이 다해 봤지만 잘 된 일이 뭐가 있었냐고? 나는 내가 생각해 봐도 구제불능이야. 지금도 절망이지만, 앞으로 닥쳐올 더 큰 절망들이 진짜 두렵다. 그러니까 헤어지자구. 당신 앞에서 더 이상 초라해지기 싫어……."

남자는 자조 섞인 한탄을 길게 쏟아냈습니다.

잠자코 있던 여자가 말을 했습니다.

"당신 이 한 가지를 분명히 알아야 해요. 당신이 당신 자신을 포기하는 건 좋아요. 어떤 자신을 선택하든지 그건 당신 마음이에요. 하지만 난 내 안의 당신을 포기할 수 없어요. 아무리 힘들어도 언제나 나에게 미소 지어 주고 어려워도 잘 참아내고 오랜 시간 동안 언제나 묵묵히 내 곁을 지켜 주었잖아요. 당신이 생각하는 당신은 어떤지 몰라도 내가 생각하는 당신은 그런 당신이 아니에요. 시험에 합격하고 떨어지는 것들로 내 안의 당신이 초라해지거나 부족해지지 않아요. 언제나 나에겐 최고의 당신이에요."

"그런 말 한다고 내 마음이 바뀔 줄 알아? 난 이미 늦었어. 모든 게 끝났다고!"

"난 한 가지 믿는 게 있어요. 이것 하나만은 확실하죠. 당신이 생각하는 당신보다 사실 당신은 꽤 괜찮은 사람이에요. 당신보다 괜찮은 사람 어디에서도 본 적이 없어요. 그런데 당신만 몰라주고 있죠. 나를 믿어요. 괜히 기분 좋으라고 하는 소리 아니

나를 믿어주는 사람, 나를 응원하는 사람들이 있다는 건 놀라운 삶의 축복입니다.

힘들고 어려울 때 그 고통을 나누는 것이 진정한 사랑이겠지요.

니까……."

그 순간 남자는 정신이 번쩍 들었습니다.

"정말이야? 내가 생각하는 것보다 내가 더 괜찮은 사람이라는 말?"

"그럼요. 난 당신을 언제나 믿고 지금까지 당신과 함께 했잖아요? 당신이 날 못 믿으면 누구 말을 믿겠어요? 난 당신의 현재와 미래를 다 사랑해요. 난 당신과 하나예요."

남자는 너무나 눈부시게 빛나는 여자의 두 눈을 가만히 바라볼 수가 없었습니다. 천사의 눈빛이었습니다. 너무나 감동하여 말없이 여인을 꼬옥 안아주었습니다.

"당신이 나를 살렸네. 고마워……. 이제 다시 시작할게. 내 안의 나보다 당신 안의 나를 포기할 수가 없어. 당신의 믿음이 나를 살렸네. 사랑해……."

두 사람은 진정 행복한 얼굴로 서로를 바라보았습니다. 하늘에서는 별들이 다투어 빛을 발했고 모든 행운의 신들이 두 사람을 축복하고 커다란 기쁨을 쏟아 부었습니다. 감동으로 가득 찬 어느 밤하늘이었습니다.

* * *

자신도 어쩔 수 없는 막다른 삶의 구석에서 벌벌 떨고 있을 때, 모든 것이 귀찮고 두려움으로 가득 찼을 때, 그 때 나타난 사랑하

는 사람의 진실 된 믿음이 남자를 다시 희망과 기쁨으로 가득 차
게 만듭니다.

나를 믿어주는 사람, 나를 응원하는 사람들이 있다는 건 놀라
운 삶의 축복입니다. 힘들고 어려울 때 그 고통을 나누는 것이 진
정한 사랑이겠지요.

곁에 없어도 함께하여 주는 그 지극한 사랑과 관심 덕분에 우
리의 하루가 아름답습니다.

난
당신을 포기하지 않아요.

난
당신에게 실망하지 않아요.

당신은 언제나 그대로예요.

내 마음 속에 숨 쉬듯이
내 가슴 속에 눈 뜨듯이
당신은 언제나 그대로예요.

세상이 주는 칭찬과 비난보다

나는 내 안의 당신을 믿어요.

누가 당신을 심판하고
세상이 당신을 버린다 해도
난 당신을 포기할 수 없어요.

당신은 영원히 당신인 거죠.

난 당신을 믿어요.

당신은 당신이 생각하는 것보다
꽤 괜찮은 사람이에요.

당신은 당신이 믿고 있는 것보다
더 큰 능력을 갖고 있어요.

난 그 사실을 알고 있죠.

왜냐하면,
난 당신을 사랑하니까요.

어떤 아버지가
부러워한 것

어느 날 집으로 아버지의 오랜 친구가 방문하였습니다. 두 사람은 반갑게 포옹을 하고 이런저런 얘기를 나누기 시작했습니다. 도서관을 가기 위해 방문을 나서던 아들은 그 자리에 멈춰 섰습니다. 대학을 졸업한 아들은 벌써 몇 년째 취직이 안 되어 어렵게 취업공부를 하고 있었습니다. 일부러 들으려 한 것이 아니었는데도 친구 분의 커다란 웃음소리가 집안을 쩌렁쩌렁 울렸습니다.

"갑작스럽게 부부 동반으로 해외여행을 가게 되었네."

"그래. 좋겠는걸, 어디로 가는데?"

"동남아보다는 유럽 쪽이 낫겠지?"

"유럽은 좀 비싸잖아?"

"괜찮아, 어차피 아들 녀석이 보내주는 건데 좀 쓰라고 하지."

그 순간 아들은 자신의 귀를 의심했습니다. 아니, 듣고 싶지 않

내가 부러운 것은 _____ 당신의 여유 있는 미소가 아니라
그 미소를 짓기 위한 _____ 수많은 눈물입니다.

았습니다.

"아들이 해외여행을 보내줘?"

"그러게 말이야. 내 이런 건 꿈도 꾸어 본 적이 없어서……. 녀석이 얼마 전에 취업을 했잖아. 그런데 마침 보너스를 탔다며 그동안 자기를 길러준 부모님의 은혜를 갚겠다나 어쩐다나. 하도 녀석이 간청을 해서……. 못이기는 듯 가기로 했네."

아들은 어디 쥐구멍에라도 들어가고 싶은 심정이었습니다.

"부럽네……."

탄식에 가까운 아버지의 음성이 아들 귓전에 가득 들려왔습니다.

"나도 이런 날이 올 줄 정말 몰랐다니까. 자식 키워서 이런 호강할 줄 알았겠나."

"정말 부럽네, 부러워……."

아버지의 부러움이 가득 찬 목소리가 아들의 얼굴을 확 달아오르게 했습니다. 아직 아버지는 한 번도 해외여행을 다녀온 적이 없었기에 더더욱 그랬는지도 모릅니다.

"자네도 이번 기회에 우리와 같이 유럽여행 가면 어떨까?"

"아닐세, 아니야. 자네 아들이 정말 부럽네. 효자 아들을 두었어."

"무슨 소린가?"

"힘들게 세상 살아간다는 핑계로 나는 아직까지 한 번도 우리 부모님 해외여행은커녕, 제주도 여행도 보내드린 적이 없는데 자네 아들은 벌써 그런 갸륵한 마음을 내다니……. 정말 부끄럽네. 자네 아들이 부러울 수밖에…….”

"자네…….”

친구의 음성이 낮아졌습니다.

"이번 기회에, 늙으신 부모님과 취업공부에 정신없는 우리 아들 데리고 제주도나 다녀와야겠네. 더 늦기 전에 아들 노릇, 애비 노릇을 좀 해 봐야지.”

아들은 왈칵 눈물이 쏟아졌습니다. 아버지의 따뜻한 사랑이 온몸으로 밀려왔습니다. 아버지의 너털웃음이 방 안을 가득 채우고 마당으로 울려 퍼졌습니다.

* * *

참 따뜻한 이야기입니다. 아들 덕분에 해외여행을 가게 된 친구를 부러워한 것이 아니라, 해외여행을 보내준 친구의 아들을 부러워하는 아버지가 참 존경스럽습니다. 자신도 아직 해외여행을 다녀오지 못했기에, 여행을 보내주는 친구의 아들과 취직도 못한 자신의 아들을 비교할 수 있었겠지만, 오히려 아들을 격려하고 못 다한 효도를 하기 위해 제주도 가족 여행을 준비하는 아버지가 너무나 멋집니다.

우린 지금 누구를 부러워하고 있나요?

내가 부러운 것은
당신이 가지고 있는 보석이 아니라
그 보석을 선물한
사람의 마음입니다.

내가 부러운 것은
당신이 살고 있는 높은 집이 아니라
그 집을 준비한
당신의 열정입니다.

내가 부러운 것은
당신의 여유 있는 미소가 아니라
그 미소를 짓기 위한
수많은 눈물입니다.

내가 정말로 부러운 것은
파란 하늘과 높은 구름,
푸르른 대지와
맑은 강물,
저녁노을을 바라보는
당신의 수줍은 눈빛입니다.

엄마의
우주

초등학교 과학수업시간이었습니다. 선생님은 아이들에게 우주에 관한 설명을 하고 있었습니다.

"여러분 이 세상에서 우주보다 더 크고 무한한 것은 없습니다. 수없이 많은 별들과 끝없는 공간이 펼쳐져 있습니다. 우리 은하계와 태양계, 그리고 지구별 모두가 우주 속의 일부분입니다."

세상에 태어나서 처음으로 듣는 우주에 관한 선생님의 설명에 아이들은 동그랗게 눈을 뜨고 깜짝 놀란 표정을 지었습니다.

"오늘 숙제는 여러분이 상상하는 우주를 그려오는 거예요. 모두들 무한히 넓고 끝없는 우주를 생각하면서 그림을 그려오세요."

"네!"

아이들은 크게 대답을 하였습니다.

다음 수업시간, 많은 학생들이 자신들이 그려온 그림을 선생님 앞에 꺼내 놓았습니다. 선생님은 학생들의 그림을 하나씩 살펴보았습니다. 아이들은 자신들이 상상하는 우주의 모습을 제법 잘 그려왔습니다. 그런데, 선생님은 한 아이의 그림을 발견하고는 그만 깜짝 놀랐습니다. 우주를 그려오라 했더니 사람 얼굴을 그려온 것이었습니다.

선생님이 학생을 불렀습니다. 반 아이들이 수군거리기 시작했습니다.

"상상의 우주를 그려오라 했는데 도대체 이건 무슨 그림일까요?"

아이들이 킥킥거리며 웃기 시작했습니다. 선생님 앞에 서 있는 학생의 얼굴이 붉게 달아올랐습니다. 아이가 천천히 입을 열었습니다.

"선생님께서……. 가장 크고 넓고 끝없는 것이 우주라 하셔서……."

"맞아요. 그런데 이건 우주를 그린 것 같지가 않네요. 도대체 무슨 그림이지요?"

"우리 엄마요. 작년에 돌아가신 엄마요. 우리 엄마만큼 크고 넓고 끝없는 사랑을 쏟아준 분이 아무도 안 계셔서……. 선생님께서 설명하신 우주를 생각하다 보니 저도 모르게 엄마 얼굴을 그리게 됐어요."

선생님은 눈물을 글썽이며 아이를 와락 껴안아 주었습니다.

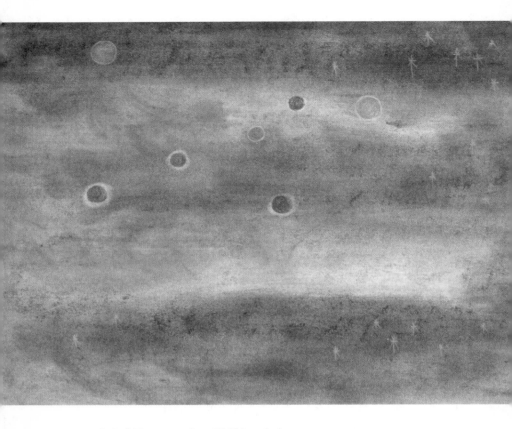

우리 엄마만큼 크고 넓고 끝없는 사랑을 쏟아준 분이 아무도 안 계셔서⋯⋯.
선생님께서 설명하신 우주를 생각하다 보니 저도 모르게
엄마 얼굴을 그리게 됐어요."

그리곤 말했습니다.

"다른 아이들은 모두 우주의 모습만 그려왔는데 너는 우주의 마음을 그렸구나. 맞아. 우주는 사랑이야. 끝없는 사랑……."

반 학생들이 모두 감동한 표정으로 박수를 치기 시작했습니다. 우주의 어느 먼 곳에서도 소년의 그림을 향해 똑같이 박수를 쳤습니다.

* * *

넓고 무한한 우주를 그려 오라는 선생님의 말씀에 아이는 엄마의 얼굴을 그려옵니다. 자신의 엄마에게서 받은 사랑만큼 넓고 무한한 우주를 경험해 보지 못했다는 아이의 대답이 가슴 뭉클하게 합니다. 우주를 그리려다가 엄마 얼굴을 그렸다니 얼마나 사랑스러운 아이인가요.

먼저 돌아가신 엄마도 저 하늘에서 이렇게 사랑스런 아들을 가슴 깊이 축복하고 있겠지요.

엄마 사랑은
끝없는 사랑

엄마 사랑은
무한한 사랑

엄마 사랑은
말 없는 사랑

엄마 사랑은
넘치는 사랑…….

엄마 없는 우주는
빈 상자예요.

엄마 없는 우주는
꺼진 TV고요.

엄마는 우주
무한한 우주

사랑으로
우주를 감싸요.

엄마는 사랑
무한한 사랑…….

아버지가
내 아버지인 것

대전에 내려와 며칠을 함께 계시던 아버님께서 다시 서울로 올라가셨습니다.

"내일은 가야겠다."

"왜요. 좀 더 있다 가시죠."

"아니다."

원래는 주말까지 함께 계시기로 하신 아버님께서 갑자기 서둘러 서울 집으로 가시겠다고 하셨습니다.

어쩔 수 없이 아버님을 모시고 터미널을 향해 가는 마음이 그리 밝지 않았습니다. 며칠 전 바로 이 자리에서 반가운 포옹을 나누었는데 어느새 시간이 지나 아버님을 보내드려야 했습니다. 얼굴에 가득 미소를 지었지만 돌아서는 뒷모습을 바라보고 있자니 왜 그렇게 쓸쓸해 보였는지 모릅니다.

그렇게 아버님을 보내드리고 집으로 돌아가는 길, 자꾸만 집이 가까워질수록 알 수 없는 두려움이 저 밑바닥 깊은 곳에서 피어 올랐습니다.

가끔씩 늦게까지 모임이 있는 날이면, 농담처럼 "일찍 들어온다고 반겨줄 사람 없고, 늦게 들어온다고 잔소리할 사람도 없으니 괜찮아요." 하면서 혼자 사는 쓸쓸함을 애써 웃음으로 넘겼었습니다. 평상시엔 법당 요사채에서 기거를 하였지만 아버님께서 숙소에 계셨기에 일부러 저녁 약속을 잡지 않고서 일찍 숙소로 들어갔습니다. 그렇게 문을 열고 들어서면 놀랍게도 아버님께서 바로 현관 앞까지 나오셔서 활짝 팔을 벌려 반겨주시는 것이었습니다.

그런데, 어느새 그것이 습관이 되어버렸는지 문을 열고 들어서니 늘 반겨주시던 아버님 대신 썰렁하게 빈 집안이 왜 그렇게 허전하게 보이던지요. 현관 앞에서 잠시 쭈뼛했습니다.

그런데 놀라운 일이 생겼습니다. 아쉬움도 잠시, 그 허전하게 보이던 공간들이 갑자기 눈부시게 빛나기 시작했습니다. 거실 바닥과 주방, 각 방과 심지어 화장실에 이르기까지 곳곳이 반짝거리고 있었습니다.

혼자 살기에 청소도 대충 하고 물건 정리가 제대로 안 된 상태였는데 아버님께서 온 종일 집안 곳곳의 먼지와 지저분한 것들을 털고 닦아내어, 갑자기 온 집안이 환하게 빛나고 있었습니다. 깜짝 놀란 얼굴로 집안을 한 바퀴 빙 돌았습니다. 며칠 동안 함께 계시던 아버님의 빈자리가 너무 커 가슴 속까지 허전했지만 당신이 머물던 그 자리를 눈부시게 닦아놓고 떠나신 아버님이 너무나 감사했습니다. 그 말없는 사랑을 온몸으로 느낄 수 있었습니다.

사실 아버님과 저는 그리 살가운 사이가 아니었습니다. 어릴 때부터 너무 엄하게 교육을 시키시어 아버님 앞에서는 늘 무릎을 꿇고 앉아 크게 숨소리도 못 냈었고 어느 정도 나이가 들었을 때까지 아버지와 편안한 대화를 나눈 적이 없을 정도였습니다. 그때는 늘 어렵고 무서운 존재이기만 했었지요. 그래서 어떤 때는 아버님이 안 계셨으면 하는 바람도 있었답니다.

그런 아버님과의 불편한 관계를 제가 마음공부를 하면서 하나씩 풀어가기 시작했지요. 나를 낳아주시고 길러주신 부모님을 사랑하고 감사하지 않으면서 수행을 한다는 것은 모래알로 밥을 짓는 것과 같다는 것을 늦게서야 깨닫게 된 것입니다.

하지만 그 사실을 알면서도 하루아침에 말끔히 씻어낼 정도로 실천하기가 쉬운 일이 아니었습니다. 아무리 노력을 해도 오랜 시간 쌓인 갈등이 깊은 곳에선 계속 남아 있었지요. 이성으론 풀어야 한다고 생각하면서도 가슴속에선 늘 두렵고 불편한 마음으로 아버님을 대했습니다.

그러다 어머님께서 느닷없이 치매를 앓기 시작했을 무렵, 갈등은 최고조로 심각해졌습니다. 어머니의 발병원인이 그동안 살아오면서 어머니를 힘들게 하고 사이가 좋지 않았던 아버지 때문이라고 생각했던 것이지요.

이유야 어찌 되었든 7년이라는 오랜 시간 동안 아버지는 묵묵히 어머님을 간호하셨고 극진히 어머님을 돌보셨습니다. 자식들이 있었지만 정작 어머님께는 아무런 도움이 되질 못했지요. 마음만 안타까웠지 실질적으로 묵묵히 어머님을 간호하고 돌봐드린 것은 바로 아버님이셨습니다. 평생 사이가 좋지 않았지만 그래도 아버님이 곁에 계셨기에 어머님은 그렇게나마 여생을 편안히 보낼 수 있었던 것이지요.

치매가 심하여 어머님도 최악의 상황에 이르고 아버님도 스트레스로 인해 건강이 좋지 않자 보다 못한 사람들이 어머님을 요양원에 보내라 해도 아버님은 그럴 수 없다며 끝까지 어머님과 함께 하셨습니다. 어쩌면 그런 모습 속에서 아버님에 대한 존경심이 진심으로 싹텄는지 모릅니다. 평생 동안 어머님의 사랑을 듬뿍 받은 자식은 치매를 앓고 있는 어머님 곁을 잠시도 지키지 못했지만 평상시 아버님은 어머님과 사이가 안 좋았어도 발병 이후 오히려 모든 불행한 상황을 받아들이곤 어머님을 한시라도 떨어져 있으려 하질 않았습니다. 결국 어머님은 그렇게 아버님 품속에서 세상을 떠나셨습니다.

그 후 혼자 남겨진 아버지는 평생을 함께한 어머님의 갑작스런 공백 앞에서 어쩔 줄 모르고 괴로워하시더니, 마침내 우울증 초기 증상까지 나타났습니다. 아버님도 이젠 누군가의 보호가 필요한 상태였습니다. 그 무렵, 동생이 건강한 손주들을 낳고 가족 모임을 자주 하면서 아버님을 위로해 드렸더니 다행히도 위험한 상

아버지, 세상에서 가장 어렵고 불편했던 분이 이젠 세상에서 가장 소중하고 없어서는 안 될 그런 존재가 되어 있었습니다.

태에서 벗어날 수 있었습니다. 하지만 지금도 많이 부족합니다. 아버님께 전화도 자주 드리고 찾아뵈어야 하는데 그리 마음 같지 않습니다. 오히려 그런 아버지로부터 추운데 잘 있느냐, 밥은 잘 챙겨먹느냐는 안부 전화를 받곤 합니다. 참 부끄럽습니다. 더욱 많은 신경을 써드려야 할 텐데 많이 부족합니다.

어느 정도 시간이 지나 아버님께 잘 도착하셨는지 전화를 드렸더니 여전히 반가운 목소리셨습니다.

"잘 도착했다. 며칠 잘 쉬다 왔다."

"아휴, 좀 더 계시다 가시라니까요. 내일 토요일이니 같이 온천도 가시고……."

"아니다. 이 추운 날, 아침마다 네가 예불을 드리러 일찍 나가는 모습을 보니 마음이 짠하더라. 그래서 내일만큼은 잠 좀 많이 자라고 일부러 일찍 온 거야. 내가 곁에 있으면 깊은 잠을 못 잘 것 같아서……."

"아버지, 안 그러셔도 되는데요."

"아니야, 내가 있으면 불편하겠지. 쉬는 날인데 나 때문에 신경 쓰게 하면 안 될 것 같아서……."

그랬습니다. 아버님은 아침마다 새벽같이 나가는 아들이 안쓰러우셨는지 쉬는 날, 잠 좀 많이 자라며 일찍 서울 집으로 올라가셨던 것이지요. 갑자기 가슴이 뭉클해졌습니다.

"아버지 이젠 자주 오세요. 가족이라고 떨어져 있으면 뭐해요. 함께 있어야 가족이지요."

"맞다 맞어, 이젠 한 달에 한 번씩 가마."
아버님은 기분이 좋으셨는지 크게 웃으셨습니다.

* * *

아버지, 세상에서 가장 어렵고 불편했던 분이 이젠 세상에서
가장 소중하고 없어서는 안 될 그런 존재가 되어 있었습니다.
짧은 며칠 동안 아버님과 함께 처음으로 영화도 보았고 숯가마
도 가고 함께 정을 나누며 즐거운 시간을 보냈습니다. 평생 잊지
못할 추억을 아버님과 함께 나누었지요. 가족의 소중함을 느낄
수 있는 좋은 시간이었습니다.

아버지,
당신은
제가 알 수 없는 것을
아시고

제가 모르는 것을
아시며
언제나 기쁜 얼굴로
이끌어 주십니다.

아버지,
당신이 새벽아침을 가르며
햇살을 선물로 담아 왔을 때

우리 온 가족은
그 햇살로 밥을 해 먹고
옷을 해 입으며
즐겁게 하루를 시작합니다.

아버지,
당신은 어머니를 가슴에 안고
자식들을 돌보시느라
매일 일찍 일어나시고
가장 늦게 주무십니다.

아버지,
당신은 하늘을 우러르고
땅을 감싸안으며
언제나 자연 속에
커다란 가르침이 있다며
귀기울이십니다.

바람을 가르고

물을 지나
거대한 산맥의 울림들을
온몸으로 받아들이십니다.

아버지,
그런 당신을 존경합니다.
그런 당신을 닮고 싶습니다.

예전엔 부끄러웠던 당신이
이제는 가장 존경스러운 당신입니다.

아버지, 당신은
제가 가보지 않은 길들을
먼저 가시어
손짓 하십니다.

그런 당신이 고맙습니다.
그런 당신을 사랑합니다.

아버지가 내 아버지인 것이
가장 자랑스럽습니다.

아버지…….

사랑하는 사람끼리는

저보다 세 살 아래 터울인 동생은 꽃 같은 색시와 늦게 장가를 들더니 곧이어 아들을 낳았습니다. 동생으로부터 아들 소식을 듣는 순간, 큰아들인 제가 평생 부모님께 못해 드린 것을 동생이 대신 다 해 준 것 같은 감격으로 동생이 너무나 감사하고 고마웠습니다. 아버님의 기쁨은 어떻게 표현할 수 없을 정도였지요.

그러던 어느 날이었습니다. 오랜만에 동생 얼굴을 보니 얼굴이 퉁퉁 부어 있었습니다.

"얼굴이 왜 그러냐?"

묻는 말에 대답도 없이 동생은 다른 말로 되물었습니다.

"형, 세상에서 가장 아름다운 향기가 뭔 줄 알아?"

"그야, 사람마다 다르잖니?"

"나는 알아."

"그래?"

"세상에서 가장 아름다운 향기……."

녀석이 뜸을 들였습니다.

"뭔데?"

"며칠 동안 동율(조카이름)이가 똥이 안 나와서 같이 밤을 새웠지 뭐야, 먹기는 하는데 똥이 안 나오니 몸이 불덩이처럼 열이 나고……. 병원에 다녀와서 약을 먹였지만 아무 소용없더라구. 아들은 온 몸이 불덩어리가 되어 얼굴이 발갛게 달아오르는데도 아버지라는 사람이 아무것도 해 줄 수 없다는 사실이 참 어이없고 미안하더라. 그렇게 눈물 콧물 흘리며 동율이 옆에서 제발 똥이 나오기를 기도하며 밤을 새웠더니 기적처럼 동율이가 오늘 아침 간신히 똥을 싸더라고……. 그 순간 탄성을 지르면서 동율이 몸에서 나온 똥냄새가 너무 감사하고 세상에서 가장 아름다운 향기처럼 느껴지는 거야."

"하하하, 그래 너는 아빠 될 자격이 있다. 대단하다. 아들 똥냄새가 세상에서 가장 아름다운 향기라니……. 정말 멋진 아빠다."

"형도 자식이 있으면 똑 같을걸……."

"그래, 그래 동율이 잘 키워라. 그 녀석이 어떤 녀석이냐. 우리 집안 기둥인데……. 고생했다. 정말 큰일날 뻔 했구나."

남들은 늦둥이라 할 나이에 자식을 낳았으니 조카에 대한 동생의 정성은 이루 말할 수가 없었습니다.

"그리고 나이가 있으니까 네 몸 관리도 잘 해라. 네가 잘못 되

면 누가 동율이 키우냐? 자식 생각도 중요하지만 네 몸도 소중하
니 잘 생각해라"

"알겠습니다. 형님⋯⋯."

동생은 밝게 웃으며 고개를 끄덕였습니다. 동생의 어깨를 툭
쳐주며 따라 웃었습니다. 자식을 헌신적으로 사랑하는 아버지로
변한 동생이 참 멋지게 보였습니다.

* * *

세상에서 가장 아름다운 향기가 자식 똥냄새라고 우기는 동생
의 천진난만한 얼굴에서 참 많은 것을 느꼈습니다. 아무리 자식
이지만 며칠 누지 못한 똥냄새가 고약할 텐데도 동생은 아랑곳없
이 세상에서 가장 아름다운 향기라 우겼으니 사랑이라면, 바로
이런 것이 진정한 사랑이 아닌가 생각합니다.

원효 스님께서는 해골바가지 물을 모를 때는 달게 마셨으나 해
골의 썩은 물인 줄 알고 났을 때는 다 토해내면서, 더럽고 깨끗함
이 몸 밖에 있는 것이 아니라 바로 이 마음속에 있다는 사실을 깨
달아 진리를 온몸으로 체득하였지요.

동생을 통하여 더럽고 깨끗함이 없다는 것을 공부할 수 있었습
니다.

동율이 몸에서 나온 똥냄새가 너무 감사하고 세상에서 가장 아름다운 향기처럼 느껴지는 거야.

사랑하는 사람끼리는
같은 칫솔로
이빨을 닦고

사랑하는 사람끼리는
먹던 수저로 떠주는 것을
받아먹으며

사랑하는 사람끼리는
입던 옷도
함께 입고

사랑하는 사람끼리는
콜록거려도
입 맞추고

사랑하는 사람끼리는
서로의 체온으로
말을 합니다.

사랑은
두 영혼을 하나가 되게 함이니

진정으로 사랑하면
영혼을 깨닫습니다.

사랑하는 사람끼리는
죽어도 죽지 않습니다.

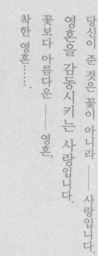

당신이 준 것은 꽃이 아니라 —— 사랑입니다.

영혼을 감동시키는 사랑입니다.

꽃보다 아름다운 —— 영혼,

착한 영혼······.

제3장

사랑하기 위해 태어난 사람

나는 참
행복한 사람입니다

햇살이 따스하게 비치는 어느 늦은 오후, 법당 안으로 한쪽 다리를 절뚝거리는 여인이 들어 왔습니다. 처음 보는 사람이었기에 사람들은 아무도 관심 갖지 않았습니다. 이미 법당 안은 많은 사람들로 가득 차 있었고 각자 자신의 기도에 열중하고 있었습니다.

기도하던 스님은 다리를 저는 여인을 보고선 무심한 마음으로 바라보았습니다. 몸이 좀 불편해 보였지만 그저 많은 사람들 가운데 한 사람이었습니다.

한쪽 구석에 앉은 여인은 불편한 몸으로 힘들게 절을 올렸습니다. 몸의 균형이 잡히지 않아 비틀거리면서도 천천히 절을 올렸습니다. 누구보다 힘들게 절을 하니 보는 사람도 아슬아슬했습니다. 여인은 한 번이 아니고 두 번, 세 번, 열 번 계속해서 절을 하는 것이었습니다. 잠시 쉬는 틈도 없이, 어느새 여인은 절 삼매 속으로 쏘옥 빠져 들었습니다.

하루해가 저물고 있었습니다. 기도하던 사람들이 하다 둘 자리에서 일어났습니다. 저녁 예불을 하기 위해 법당으로 들어온 스님은 사람들을 바라보다 깜짝 놀랐습니다. 다리가 불편한 여인이 사람들 속에서 아직도 계속 절을 올리고 있었던 것입니다.

저녁 예불을 마치고 기도를 끝내고 나니 어느새 깊은 밤이 되었습니다. 인사를 나누기 위해 스님은 뒤를 돌아보았습니다. 아직도 여인은 계속 절을 하고 있었습니다. 온몸이 땀으로 가득 젖어 있었습니다. 사람들이 다 빠져나가고 이제 몇 사람 남지 않았습니다.

'도대체 무슨 사연이 있기에 불편한 몸을 가지고 저리 열심히 기도를 하는 걸까?'

갑자기 궁금해졌습니다. 그렇다고 지금 당장 물을 수도 없었습니다.

어느새 법당 문을 닫아야 할 시간이 되었습니다. 깊은 밤이었습니다. 평상시 이 시간까지 법당 안에 남아 있는 신도는 거의 없었습니다. 어간문을 닫고 출입문을 닫으려 하는데, 저기 한쪽 벽에서 가늘게 움직이는 그림자가 보였습니다. 그녀였습니다. 아직도 절을 하고 있었던 것입니다.

'세상에……'

스님은 여인의 가느다란 몸 어디에서 저런 힘이 나오는지 알 수 없었습니다. 기도를 방해하고 싶지 않았지만, 문을 닫아야 할 시간이라 갑자기 난감해졌습니다.

'어쩐다?'

너무나 간절한 일념으로 기도를 하는 그 모습이 숭고하기까지 하였습니다. 스님은 도저히 기도를 멈추게 할 수가 없었습니다. 일단 조용히 문을 닫고서 법당을 나왔습니다.

다시 시간이 흘렀습니다. 이젠 돌아갔겠지 하는 마음으로 법당 안을 살펴보았습니다. 하지만 한 번도 일어난 적 없는 일이 생겨나고 있었습니다. 여전히 그녀는 비틀거리면서도 안간힘을 쓰며 다시 일어나 절을 하였습니다. 흔들림 없는 고요한 모습으로 기도삼매에 들어 있었습니다. 스님은 너무나 감동한 나머지 한참을 바라보았습니다.

'어떻게 저런 몸을 가지고……'

혀를 찼지만, 분명한 현실이었습니다. 스님은 문을 닫는 것을 포기해야 했습니다.

어느새 자정이 다 되는 시간이었습니다. 스님은 불안한 마음, 걱정스런 마음으로 법당 안을 살펴보았습니다. 속도는 늦춰졌지만 여인은 변함없는 자세로 절을 올리고 있었습니다.

그렇게 한 시, 두 시, 세 시 마침내 아침 종소리와 함께 새벽 예불이 시작되었습니다. 예불이 끝나고 서로 인사를 나누는 순서가 되었습니다. 스님은 땀으로 범벅된 그녀의 얼굴을 정면에서 바라볼 수 있었습니다. 하얀 얼굴이 핏기마저 사라진 것처럼 핼쑥했지만 알 수 없는 신비로움과 행복감이 얼굴 전체에 흐르고 있었습니다.

스님은 용기를 내어 물었습니다.

"보살님, 이렇게 불편한 몸을 가지고 어찌 밤을 새운 겁니까?"

"……."

여인은 그저 수줍은 미소를 지었습니다.

"무슨 기도를 하신 겁니까? 밤을 새워 부처님께 무슨 말씀을 드린 겁니까?"

여인은 환한 미소를 지으며 천천히 말했습니다.

"그냥, 너무 감사해서요. 사는 것이 힘들지만 그래도 이만큼 사는 것이 다 부처님 덕분인 것 같아서……."

"그럼 무슨 소원을 비신 것이 아닙니까?"

"소원 빌 것이야 산처럼 쌓였지만, 이젠 부처님 힘들게 안 합니다. 그냥 '감사합니다'라는 말밖에 드릴 말씀이 없네요."

"정말 대단하십니다."

스님은 너무나 감동한 얼굴이 되었습니다.

"저도 예전엔 소원을 이루기 위해 날마다 부처님을 붙잡고 한없이 기도를 올렸습니다. 그러던 어느 날, 부처님 귀가 아무리 크고 넓으신들, 중생들 소원을 들어주다 보면 얼마나 힘들고 아프실까 하는 생각이 드는 것이었습니다. 그랬더니 그동안 욕심을 채우기 위해 부처님께 소원을 빌며 간청했던 일들이 얼마나 어리

부처님을 뵈면 저는 늘 '감사합니다' 라는 말밖엔 드릴 말씀이 없습니다. 감사할 것이 하나 없어도 감사하다 보면 감사할 것이 너무 많습니다.

석고 부끄럽게 느껴졌는지 모릅니다.

그날 이후로 부처님을 뵈면 저는 늘 '감사합니다'라는 말밖엔 드릴 말씀이 없습니다. 감사할 것이 하나 없어도 감사하다 보면 감사할 것이 너무 많습니다. 그러고 보니 어느 순간부터 하나씩 어려웠던 일들이 저절로 풀려지더군요. 시간이 빠르고 더딘 것이야 있겠지만 반드시 해결되었습니다."

"정말 대단하십니다."

"예전엔 밤을 새워 부처님께 빌 소원이 가득했기에 제 목소리밖에 들리지 않았습니다. 하지만 이젠 마음을 비워놓고서 가만히 있으면 부처님 음성이 들리는 듯합니다."

"부처님께서 밤새 무어라 하셨습니까?"

" '착하다. 착하다. 사람들과 더불어 더욱 착하게 살아라. 지혜로워라. 나는 착한 사람을 좋아한다.'라는 부처님의 음성은 따뜻하고 사랑으로 가득 찬 빛들의 울림이었습니다. 그 말을 듣고선 갑자기 가슴이 복받쳐 오르며 그만 울음이 쏟아져 나왔습니다. 이렇게 욕심 많고 화 잘 내고 어리석은 사람을 착하다 하시다니, 부끄러운 사람을 오히려 기뻐해 주시니 너무나 감사하고 몸 둘 바를 몰랐습니다."

스님은 커다란 감동에 싸여 그 자리에서 여인에게 천천히 몸을 굽혔습니다.

"당신은 스승이십니다. 착한 스승이십니다."

그리곤 절을 올렸습니다.

"스님······."

여인은 정성스럽게 맞절을 하였고 부처님은 빙그레 미소 짓고 있었습니다. 아침의 태양이 어느 때보다 눈부시게 밝아 왔습니다.

* * *

참 감동적입니다. 한쪽 다리를 저는 불구의 몸을 가지고 정상인도 힘든 절을 밤 새워 한 착한 여인, 그 여인은 진정 '감사함'의 의미를 깨달은 스승입니다.

소원이 이루어질 때 하는 감사는 감사가 아니요, 그냥 살아감이 감사가 될 때 진정 감사가 되는 것입니다. 만족하고 채워지는 것이 감사가 아니라 부족하고 모자란 대로 감사하는 것이 진정한 감사가 될 것입니다.

기도는 애타게 자신의 소원을 말하는 것이 아니라 오히려 마음을 비워 부처님 당신의 음성을 듣는 것임을 깨닫게 해 줍니다.

난 다리를 절구요.
그래서 허리도 안 좋고요.

힘도 쓰지 못하고

오래
버티는 일도 하지 못합니다.

하지만 여전히 웃을 수 있고
항상 감사할 수 있어
너무 좋습니다.

다리가 아프기 전,
누구보다 건강하고
힘 있을 땐

하고 싶은 것도 많았고
갖고 싶은 것도 많았고
그래서 그런지
사는 것이 온통
불만투성이였지요.

고집이 세었기에
매일같이 부딪히고
싸우고
일이 안 풀릴 때마다
상대방을 원망하고
그러면서 소원을 빌었지요.

하지만 비움이 아닌
욕심을 채워 달라는
기도를 하니
기도가 될 리 없었지요.

부처님은 인자하신 미소로
항상 다독여 주셨지만
저는 늘 인상 쓰며
부처님을 올려보았지요.

저 때문에 오랜 시간
부처님 속상하시고
안타까우셨을 겁니다.

하지만 이제 압니다.
어느 날 닥친 불행 덕분에
한쪽 다릴 마음대로 쓰진 못해도
더 자유로운 영혼을 갖게 됐으니까요.

그 때 비로소
내 자신이 한참 부족하고
모든 것이 욕심이었음을
깨달았습니다.

눈을 떠보니
지금 이 정도만이라도
감사하고

모든 순간이 기쁨이고
살아 있음이 기적이었습니다.

이제 비로소
감사할 줄 알고
착하게 사는 것이야말로
가장 행복한 것임을 깨달았습니다.

저는 기쁘고 행복합니다.
너무나 완전한 가르침으로 행복합니다.

'착하게 살라 착하게 살라 더불어 착하게 살라'
그분의 음성으로 나의 하루가 빛으로 충만해집니다.

나는 참 행복한 사람입니다.

꽃보다 아름다운
영혼

며칠 전 있었던 일입니다. 밖에서 문 두드리는 소리가 들렸습니다. 누구일까? 하면서 문을 열었습니다. 순간, 깜짝 놀랄 일이 벌어지고 있었습니다.

어느 분께서 꽃다발을 들고 수줍게 서 있는 것이었습니다.

"어……."

무어라 말도 못하고 조금은 당황스러웠습니다.

"법사님께 꽃을 드리려고 왔어요."

"아, 네……."

"……."

"일단 차 한잔 하시죠."

"그냥 가도 되는데……."

"아니, 그래도 차 한잔은 하고 가셔야죠."

'당신을 행복하게 해 드리고 싶었어요.' _____ 가지가지 꽃들이 까르르 웃으며 _____ 향기를 터뜨렸습니다.

곧 다실로 들어가 찻물을 데우고 차를 우려내기 시작했습니다. 꽃을 바라보니 세상에서 제일 예쁜 꽃들만 한 아름 모아다가 만든 것처럼 너무나 눈부셨습니다. 꽃향기를 맡아 보았습니다. 어찌나 꽃향기가 진했는지 잠시 온 몸이 나른해졌습니다. 가만히 눈을 감고 지금 이 순간을 음미했습니다.

"저에게 꽃을 주려고 마음먹었던 처음부터 마지막 결정을 할 때까지의 생각이 쉽지 않았을 것 같은데요."

"네……. 좀 용기가 필요했어요."

"하하하, 훌륭하십니다. 아마도 제가 무슨 특별한 날이 아니고선 꽃다발을 받는 것이 난생 처음인 것 같네요."

수줍게 미소를 지으며 그분이 말했습니다.

"이번 주엔 누구를 행복하게 해 드릴까? 그랬더니 법사님이 생각났어요. 그래서 이렇게 꽃다발을……."

"와, 정말 대단하십니다. 어떻게 이런 생각을……."

"아니에요."

수줍은 미소가 꽃다발보다도 더욱 눈부시게 빛났습니다. 얼굴과 고운 마음이 하나가 되어 세상에서 가장 아름다운 사람이 되었습니다.

그분이 가시고 난 뒤 수줍고 아름다운 마음속 향기가 꽃보다도 진하게 한참을 진동했습니다. 세상에서 가장 행복한 사람이 된 것 같은 기쁨이 온몸 가득 퍼져갔습니다.

* * *

'이번 주엔 누구를 행복하게 해드릴까?'

어떻게 그런 고운 마음을 낼 수 있었는지, 아마도 저뿐만 아니라 다른 사람들에게도 수많은 꽃다발을 선물하지 않았을까? 하는 생각이 들었습니다.

저 역시도 그런 생각을 해 보지 못했는데 저를 부끄럽게 만들었습니다. 천사와 같이 눈부신 영혼이었습니다.

그분 주변은 항상 꽃향기가 가득하지 않을까요? 착한 영혼에서 나는 향기 말이지요.

꽃보다 아름다운
영혼,

착한 영혼…….

당신은
수줍게 내 방문을
두드렸지요.

그리곤

눈부신 꽃을 한 아름
안겨주었습니다.

'당신을 행복하게 해 드리고 싶었어요.'
가지가지 꽃들이 까르르 웃으며
향기를 터뜨렸습니다.

그 향기는 가슴속으로 번지고
모든 슬픔을 녹여주며
영원과도 같은 꿈을 꾸게 하였습니다.

당신이 준 것은 꽃이 아니라
사랑입니다.

영혼을 감동시키는 사랑입니다.

꽃보다 아름다운
영혼,

착한 영혼······.

운전면허를
따고 싶어요

며칠 전 어느 모임에서 나이가 조금 지긋하게 드신 분과 대화를 나눈 적이 있습니다. 이런저런 이야기를 나누다 무심코 올 한 해 이루고 싶은 소망이 있는지 여쭈어 보았습니다.

"네, 저는요 올해 꼭 하고 싶은 일이 있어요." 하시면서 그 분은 소녀처럼 설레는 표정을 지었습니다.

"그 일이 무엇인지요?"

저도 점점 궁금해졌습니다.

"네, 운전면허에 합격하는 것이에요."

나이가 조금 드신 분의 새해 소망으로선 의외의 답을 하셔서 놀란 표정이 지어졌습니다.

"아, 예……."

"너무너무 가보고 싶은 곳이 많거든요. 이젠 좀 자유롭게 다니고 싶어요."

그러면서 맑은 눈동자가 더욱 빛났습니다. 그러자 갑자기 궁금한 생각이 들었습니다.

"면허를 따신 후 제일 먼저 가보고 싶은 곳이 어디세요?"

그러면서 나름대로 장소를 상상했습니다. 평상시 가보지 못했던 관광지를 떠올렸던 것이지요. 그러나 그분께서는 정말로 의외의 답을 말씀하시는 것이었습니다.

"자원봉사 하는 곳이요."

"네? 어디라구요?"

깜짝 놀란 표정으로 되물었습니다.

"자원봉사하는 곳이요. 그 동안 제가 다니던 불교대학에서 여기저기 불우이웃을 돕는 봉사활동을 함께 했었거든요. 그럴 때마다 많은 분들이 도와주셔서 어려움 없이 봉사활동을 했었어요. 그런데 제가 차를 운전하게 되면 더욱 많은 곳들을 갈 수 있을 것 같아서요."

대답을 하시면서 너무나 행복한 미소를 짓고 있는 표정이 그대로 천사의 얼굴이었습니다.

"세상에 어떻게 그런 생각을……."

조금 떨리는 목소리로 말씀드렸습니다.

"올해 꼬옥 그 소원 이루실 겁니다. 꼬옥 운전면허에 합격하셔서 좋은 일들 많이 하세요."

"네, 감사합니다. 법사님께서 기도해 주시니 합격할 것 같아

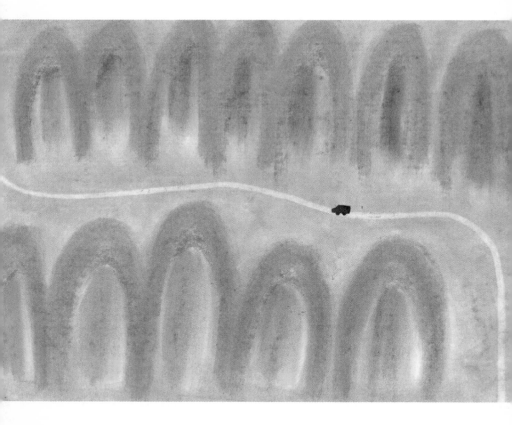

봉사활동을 하기 위해 자동차 운전면허를 합격하고 싶다니, 착한 얼굴에 착한 마음까지
갖고 계신 그 분이 진정 세상에서 가장 행복한 분이 아닐까 싶습니다.

요."

그러면서 환한 미소를 지었습니다. 물론 저도 너무나 행복해서 한참을 미소 지었습니다.

아름다운 햇살이 창문을 넘어 우리 두 사람 사이로 쏟아졌습니다.

* * *

어떻게 그런 생각을 할 수 있었는지 너무나 훌륭한 분이었습니다. 나이가 들었음에도 불구하고 운전면허에 합격하여 자원봉사 활동을 마음껏 하고 싶다는 새해 소망이 너무나 소박하면서도 진정 뜻 깊은 바람이었습니다.

사람들은 금연이나 금주, 영어회화, 다이어트 등등 자신들을 위한 새해 소망을 하나씩 갖게 되지만 이분은 달랐습니다. 자신이 아닌 다른 사람을 위한 봉사활동을 하기 위해 자동차 운전면허를 합격하고 싶다니, 착한 얼굴에 착한 마음까지 갖고 계신 그분이 진정 세상에서 가장 행복한 분이 아닐까 싶습니다.

올해 어떤 소망들을 갖고 계시나요?

당신의 소망이 이루어지기를
기원드립니다.

당신의 꿈들이 이루어지기를
기원드립니다.

당신의 미소
당신의 착한 마음이
세상을 축복할 수 있기를
기원드립니다.

당신은 기적입니다.

당신의 소망은
보석보다 빛납니다.

당신의 꿈들은
우리의 희망입니다.

당신을 축복합니다.
당신을 축복합니다.

소중한 이여…….

백 번의 기도보다
나은 것 ✿

행사가 있어 아침부터 부랴부랴 전철을 타고 대전역에 도착하여 서울행 KTX를 탔습니다.

자리에 앉아 무심코 하얀 설원의 풍경들을 바라보고 있자니 갑자기 어디론가 멀리 떠나고 싶다는 생각이 들었습니다.

오전 오후에 걸쳐 하루 종일 걸린 행사를 마친 후 다시 급하게 서울역에서 7시 30분 출발, 대전행 KTX를 탔습니다.

기차가 서서히 출발을 하였습니다. 그런데 자리에 앉고 나니 갑자기 몸이 찌뿌둥하고 피로가 몰려오기 시작했습니다. 아무래도 여러 번 차를 갈아타고 바쁘게 움직이면서 일상을 벗어난 하루였기 때문에 그런 것 같았습니다.

갑자기 핸드폰이 울려 통화를 하니 아는 지인들이 대전역까지 마중 나오겠다는 것이었습니다. 괜찮다고 했지만 저를 생각해 주는 그 마음이 고마워 대전역에서 만나기로 하였습니다.

한 시간 정도 지나니 어느새 대전역에 도착하였습니다. 서울과 대전의 길이가 생각보다 그리 멀지 않았습니다. 기차에서 내려 밖으로 나왔는데 여전히 머리가 무거웠습니다. 생각보다 쉽게 통증이 가라앉을 것 같지 않았습니다. 집으로 가 얼른 쉬고 싶은 생각이 절로 났습니다.

택시 타는 곳에서 곧 저를 마중 나온 지인들과 반갑게 합류를 하고선 기다리고 있던 차에 올라탔습니다. 참 고마운 분들이었습니다. 빠르게 목적지에 도착하고선 그냥 헤어지는 것이 아쉬워 마침 근처에 있는 카페에 들어가 차를 마시기로 하였습니다.

자리를 잡고 주문한 커피가 나오자 진한 커피 향을 음미하며 천천히 한 모금 마셨습니다. 뜨거운 물결이 온 몸으로 퍼져나갔습니다. 몸과 마음이 함께 녹아내리는 것 같았습니다. 평상시 잘 먹지 않는 커피가 그 순간은 어찌나 맛있던지, 그 뜨거운 감촉을 온몸으로 느끼며 금세 큰 머그잔의 커피를 거의 다 비워냈습니다.

"오늘 커피가 너무 맛있네요. 조금 전까지 만해도 사실 좀 피곤했는데 커피를 마시고 나니 하루의 피로가 다 사라지는 것 같아요."

나도 모르게 그런 말이 술술 쏟아져 나왔습니다. 그러면서 마지막 남은 한 모금을 다 마셨습니다.

"그러게요. 저도 커피가 맛있어요."

함께한 일행들도 어느 때보다 맛있다며 고개를 끄덕여주었습니다. 그러면서 또 한번 함께 웃었습니다.

그런데 놀라운 것은 그 말을 마치고 난 후였습니다. 그냥 무심결에 한 말이었는데, 어느 순간, 정말로 말처럼 피로가 사라지고 몸이 회복되는 것이었습니다. 머리의 무겁고 흐릿한 느낌들이 사라지면서 점점 머리가 맑아지고 다시 기운이 나기 시작했습니다.

"어……. 정말 신기하네요. 물론 이렇게 좋은 분들과 함께 따뜻한 커피를 마셔서 그럴 수도 있겠지만, 커피를 마시면서 피로가 사라지는 것 같다는 생각을 하니 말 그대로 되네요. 내 생각과 느낌을 몸이 그대로 느끼는 것 같아요."

"정말이세요?"

"그렇다니까요."

"정말 잘됐네요." 하면서 또 한번 환하게 웃었습니다.

"말의 힘이 있다는 걸 알았지만 이렇게 금방 말처럼 되리라곤 잘 몰랐는데, 자기 암시, 자기 최면이랄까? 정말 자신이 표현하는 것들이 얼마나 중요한 것인지 새삼 알겠네요. 무조건 긍정적인 말들을 많이 해야겠어요."

"와, 그러게요. 좋은 말을 할수록 더 좋아지는 것이지요?"

"내 몸에 들어간 커피의 에너지들이 자신들을 칭찬하니까 더욱 활기차게 움직이고 불안정한 에너지들이 다시 안정적으로 변한 것 같아요."

"……."

이왕이면 _____ 좋은 느낌, _____ 좋은 생각, _____ 좋은 말로
우리의 하루를 장식하지요.
그러면 좋은 날들이 계속 될 테니까요.

"순간의 표현이 그 다음 상황을 만들어가네요."

기분이 좋아서 그랬는지 다시 머그잔에다 커피를 가득 채워 마셨습니다. 아주 맑은 머리로 사람들을 바라보았습니다. 미처 몰랐던 놀라운 발견을 한 것처럼 밝고 환한 마음으로 늦은 저녁을 보름달처럼 밝혔습니다.

* * *

말은 소리로 그치는 것이 아니라 느낌을 표현하는 것이지요. 느낌은 그냥 사라지는 감각이 아니라 그대로 우리 몸이 받아들여 현실로 만들어줍니다.

행복하다는 느낌을 받으면 행복한 현실을, 불행하다고 느끼면 불행한 현실을······. 그렇기 때문에 느낌이 중요합니다. 하루 중 무심코 던지는 감정의 표현들이 그대로 우리의 현실을 창조해 주는 것이니까요.

이왕이면 자신을 축복하고 행복하게 하는 느낌들을 많이 표현하지요. 부정적인 표현을 하면 할수록 어느새 그런 불안한 현실이 눈앞에서 나타나게 되니까요. 자신이 창조한 현실인 줄도 모르고 나중에 후회한들 아무 소용없습니다.

빨간 크레파스로

파란 하늘을 그릴 수 없지요.

파란 크레파스로
빨간 태양을 그릴 수 없지요.

무심코 던지는
말들엔 색깔이 있지요.

행복하다는 말은 밝은 색
불행하다는 말은 검은 색

행복하다고 하면
자꾸자꾸 밝아지지만
불행하다고 하면
자꾸자꾸 어두워집니다.

느낌을 말하는 것은
자꾸자꾸 색깔을 칠하는 것

아무리 힘들어도
검게 물들지 말고

이왕이면

좋은 느낌,
좋은 생각,
좋은 말로 우리의 하루를 장식하지요.

그러면 좋은 날들이 계속 될 테니까요.

그것은 기적이 아니라
놀라운 현실인 것입니다.

좋은 말 한마디가
백 번의 기도보다 낫습니다.

소원이 이루어지지
않는 절

전국을 다니며 유명한 기도처를 찾아 기도를 하는 사람이 있었
습니다.

그는 자신의 소원을 이루기 위해 짧으면 7일, 21일, 길면 100
일 어느 땐 1,000일 기도도 마다하지 않을 정도로 소원을 이루기
위해선 모든 것을 정리하고 오직 기도에만 전념하였습니다.

그러다 마침 뜻밖으로 자신의 생애에 있어 부와 명예를 얻을
수 있는 최고의 기회가 왔습니다. 마지막 불꽃을 태울 수 있는 절
호의 순간이었습니다. 그러자 그 사람은 자신의 소원을 이루기
위해 영험이 있다는 기도처를 찾아 다시 전국을 헤맸습니다.

그러던 중, 지인의 소개로 마침 제가 머무는 법당으로 그분이
찾아왔습니다.

"어떻게 오셨습니까?"

"저에게 매우 중대한 일이 있어 기도를 올리러 왔습니다."

"기도는 많이 하셨습니까?"

"좋다는 곳은 빠지지 않고 이 절, 저 절 다니면서 소원을 빌었더니 그때마다 소원을 이루었습니다."

"그렇군요."

"그런데 이곳에 와보니 기운이 참 맑고 깨끗합니다. 제가 다녀본 어떤 곳보다도 힘이 넘치는 곳이군요. 이곳에서 소원을 빌면 무엇이라도 금방 이룰 것 같습니다."

그의 눈빛에 생기가 돌았습니다.

그러자 저는 정색을 하고 말했습니다.

"아닙니다. 이곳은 소원을 이루어 주는 곳이 아닙니다."

"네, 소원을 이루어주는 곳이 아니라뇨?"

그는 갑자기 말문이 막힌 표정을 지었습니다.

"기도가 잘 되는 것이 무엇인 줄 아십니까?"

"그야, 소원이 이루어지는 것이지요."

"아닙니다. 진정 기도가 잘 된다는 것은 자신의 바람이 이루어지는 것이 아니라, 더 이상 바라는 것이 없어지는 것입니다."

"……"

"바라는 것이 없어지면 점점 감사하는 마음이 생기지요. 감사하는 마음이 되면 저절로 모든 일이 이루어지게 돼 있습니다."

"……"

소원을 이루는 것보다 _____ 소원이 사라지는 것이 _____ 행복입니다.
감사하면 _____ 바랄 것이 없고 _____ 부족한 것이 없기에 _____ 모든 것이
만족하고 _____ 행복합니다.

"소원을 이루려 하지 마시고 이제는 소원을 놓아버리세요. 이미 이룬 소원들이 그리 많은데 자꾸 더 이루려 하는 것은 욕심입니다. 욕심을 이루는 것이 기도가 아니라 욕심이 사라지는 것이 진정한 기도이지요. 그러니 감사하세요. 그것보다 더 훌륭한 기도를 본 적이 없습니다."

비로소 의문으로 가득했던 표정에 환한 미소가 그려졌습니다.

"감사합니다. 법사님, 이제야 진정으로 무엇이 기도인 줄을 깨달았습니다."

"저의 말을 잘 들어주시니 또한 감사합니다."

"아니지요. 제가 법사님께 너무나 감사드립니다. 그동안 어리석어 제 욕심만 이루려 하였지 아무에게도 감사할 줄을 몰랐습니다. 덕분에 이제야 바른 기도를 할 수 있게 되었습니다. 감사합니다. 법사님……."

법당 처마에 햇살이 드리우고 나무 위에 머물고 있던 새들이 바람 소리에 놀라 검은 눈동자를 몇 번 굴리더니 푸드덕 날아올랐습니다.

* * *

그렇지요. 여인은 자신의 소원을 이루기 위해 오랜 시간 많은 곳을 찾아다니며 기도를 하였지만 모든 것이 욕심이었음을 비로소 깨닫게 됩니다.

진정한 기도는 소원을 이루어주는 것이 아니라 그 소원이 사라지는 것임을 깨닫는다면 얼마나 마음이 편안할까요? 소원이 사라지면 모든 것이 감사할 뿐이지요.

　　지금 이루어진 것들에게 감사할 줄 모르기에 자꾸자꾸 다른 욕심이 생기고 끊임없는 갈망이 생기는 것이니까요.

　　감사하는 순간, 저절로 모든 갈등이 사라지고 충만된 기쁨이 몰려옵니다.

감사하면
콩 한 쪽을 갖고도
행복할 수 있지만

욕심이 있으면
콩 한 섬을 갖고도
불행할 수 있습니다.

월세를 살아도
내 집이다 생각하면
행복하지만

집을 갖고 있어도
더 큰 집을 바라면
불행합니다.

소원을 이루는 것보다
소원이 사라지는 것이
행복입니다.

감사하면
바랄 것이 없고
부족한 것이 없기에
모든 것이 만족하고
행복합니다.

더 갖겠다는 생각을 버리니
저절로 생겨집니다.

원하는 만큼이 아니라
필요한 만큼 반드시 채워집니다.

그것이 날마다 성취되는
감사의 기적입니다.

천복을 타고난
사람

하는 일이 잘 안 되어 극심한 스트레스를 견디지 못해 우울증에 걸린 사람이 있었습니다. 자신뿐만 아니라 아내는 보증을 잘못 서서 거금을 날리고 급기야 아들은 사고로 병원에 입원까지 하게 되었습니다.

남자는 거의 죽을 듯한 얼굴로 한참을 저와 함께 차를 마셨습니다.

"힘든 일이 그렇게 많았어도 그동안 잘 참아내셨네요. 대단하십니다. 그러니 이제부터는 행운이 찾아올 겁니다. 조금만 더 기다려 보세요."

제가 해 드릴 수 있는 최선의 말이었습니다.

"정말요? 그동안 한 번도 저에게 행운이란 것이 없었던 것 같습니다. 뜻대로 된 일이 한 번도 없었다고요. 단 한 번도……."

마침 점심시간이 되어 우린 함께 식사를 하러 나갔습니다. 식당이 건물 안에 있어 건물 지하주차장으로 들어서려 하니 이미 만차라고 적어놓은 푯말이 입구에 놓여 있었습니다. 할 수 없이 밖에다 차를 세워 놓아야 했습니다. 하지만 사무실이 많아서 그런지 길가 주변에도 역시 차들이 가득 늘어서 있어 빈자리가 없었습니다.

　그 때였습니다. 결정을 내리지 못하고 잠시 우물쭈물거리고 있는데 갑자기,

　"할 수 없네요. 혹시 모르니까 건물 안으로 들어가 보겠습니다."

　하면서 남자는 무작정 지하주차장 안으로 들어갔습니다. 지하 1층을 다 돌아보았지만 빈자리가 없었습니다. 지하 2층으로 내려갔습니다. 역시 이번에도 차들이 가득 들어서 있었습니다. 마지막 3층까지 내려갔습니다. 하지만 결과는 똑같았습니다. 그가 실망하는 표정을 짓고 포기하려는 찰나,

　"아! 저기 빈자리가 하나 있네요."

　어디에 숨어 있었는지 그 많은 차들 가운데 신기하게도 딱 한 자리가 비어 있는 것이었습니다. 남자는 뛸 듯이 기쁜 표정을 지었습니다. 얼굴 가득 미소를 지으며 그가 말했습니다.

　"아, 나는 천복을 타고 났나 봐요. 어떻게 한 자리가 남아 있었을까, 정말 놀랍지 않아요?"

　"하하하, 그러게요. 그냥 포기하고 나갔더라면 이런 행운을 못

만났을 텐데요."

"와우, 갑자기 기분이 좋아지는데요."

바로 그 때였습니다. 제가 회심의 미소를 지으며 그에게 말했습니다.

"제가 한마디를 더하면 당신은 지금보다 더 행복해지실 걸요?"

"무슨 말씀이신데요?"

얼굴에 가득 미소를 띄우고 말했습니다.

"나는 천복을 타고 난 사람 곁에 있을 행운을 가진 사람이다."

"하하하."

우린 그렇게 지하주차장 깊은 곳에서 쩌렁쩌렁 함께 웃었습니다.

* * *

그분이 그토록 환하게 미소 짓는 것을 본적이 없었습니다. 까만 얼굴에 환한 미소가 물들자 언제 그랬냐는 듯 그의 얼굴에 화색이 돌았습니다.

요즘 피어오르는 진달래 빛 그대로 붉은 생명의 빛이 얼굴을 감싸고 새로운 생기를 불러들였습니다.

어떻게 보면 지하주차장에서 빈자리 하나 발견한 것이 그리 감격할 정도의 일 같지 않은데도 그는 그렇지 않았습니다. 아주 감

행운은 찾아오는 것이 아니라 _____ 우리 마음 깊은 곳에 숨어 있지요.

행운은 먼 곳에서 _____ 우릴 _____ 지켜보는 것이 아니라

매일같이 _____ 우리 가슴 속에서 _____ 속삭이며 두근대지요.

사하고, 너무나 황홀한 표정이었습니다. 정말로 단 한 번도 행운을 만나지 못한 얼굴로요. 그가 했던 마지막 말이 떠오릅니다.

"이제부턴 무슨 일이든 잘 될 것 같네요. 저에게도 행운이 찾아오려나 봐요."

반드시 그러리라 생각합니다. 왜냐하면 그가 그렇게 굳게 믿고 있기 때문이지요.

행운은 찾아오는 것이 아니라
우리 마음 깊은 곳에 숨어 있지요.

행운은 먼 곳에서
우릴
지켜보는 것이 아니라

매일같이
우리 가슴 속에서
속삭이며 두근대지요.

감사하는 마음
기뻐하는 마음
축복하는 마음 그대로

행운이 쏟아져 나오지요.

당신이 행운의 사나이라면
맞을 겁니다.

당신이 불행의 사나이라도
맞을 겁니다.

왜냐하면 모든 것이
당신의 믿음과 생각대로 되는
세상이기 때문입니다.

나는 그런 세상을
축복합니다.

나는 진정 행운의 사나이이기 때문입니다.

당신 덕분에 많이 웃었습니다.

무조건
좋습니다

며칠 전 머리를 깎기 위해 이발소에 갔습니다. 그러자 근무하시는 분들께서 금방 저를 알아보시곤 친절한 미소로 맞이해 주었습니다.

"어서 오세요. 법사님!"

"네. 잘 계셨지요?" 하면서 서로 인사를 나누었습니다.

이발소엘 들어가면 언제나 부드러운 음악과 청결함. 그리고 일하시는 분들의 따뜻한 친절이 저를 늘 행복하게 해 주었습니다.

잠시 기다리다 제 순서가 되어 의자에 앉았습니다.

"어서 오십쇼. 법사님."

"네, 감사합니다."

우리 집안에 대대로 내려오는 선천성 대머리 유전자 관계로 제 머리 가운데가 상당히 빈자리가 많이 있어서 사실 머리 깎는 것이 좀 쉽지 않은 편이었습니다. 그런데도 언제나 친절히 조심조심 가운데는 건드리지 않고서 옆머리, 즉 주변머리만 살살 잘 깎아주어서 언제나 흐뭇한 미소를 짓게 해 주시는 분이었습니다. 항상 똑같은 주문을 하였지요.

"옆머리는 많이 쳐주시고요. 앞머리는 살짝 깎아 주세요."

"네!" 하시면서 제 속사정을 아시는 듯 환하게 웃으십니다.

이런저런 얘기를 나누면서 머리를 깎던 중 제 얼굴이 조금 부어오른 것을 보시더니

"법사님께서 요즘 수행을 너무 많이 하셔서 얼굴이 부은 것 같습니다." 하는 것이었습니다.

그 말씀을 듣고 보니 얼마나 고맙던지요. 얼굴 부은 것을 다른 이유가 아니라 수행을 많이 하여서 그렇다니……. 무조건 저에게 백퍼센트 긍정을 하는 모습에 감동을 받았습니다. 얼른 대답을 하였습니다.

"아니요. 그렇지 않습니다. 수행을 많이 하지 않아서 그런 것이지요."

그러자 또 말씀하시더군요.

"아닙니다. 많은 사람들을 위하여 감동적인 글을 써주시고 너무 좋은 일들을 하시느라 그렇게 부으신 것 같은데요."

더 이상 아무 말을 하지 못했습니다. 부족한 사람을 이렇게 지극히 좋은 모습으로 보아주시니 이젠 꼼짝없이 더 열심히 글을 쓰고 마음공부를 해야겠다는 다짐을 하였습니다.

부은 얼굴을 보고 수행을 많이 한 걸로 보아주시니 얼마나 고맙던지요.
부족한 수행을 저절로 하게 만드는 묘한 가르침을 주셨습니다.

* * *

이렇게 사람을 백퍼센트 긍정적으로 바라보시는 그분의 마음
이 얼마나 순수하고 맑은 것인지 참 많이 부끄러웠습니다.

부은 얼굴을 보고 수행을 많이 한 걸로 보아주시니 얼마나 고
맙던지요. 부족한 수행을 저절로 하게 만드는 묘한 가르침을 주
셨습니다.

곳곳에 스승이 계십니다.

당신의 믿음이
저를 만듭니다.

당신의 기도가
저를 만듭니다.

당신의 칭찬이
저를 웃게 하고

당신의 미소가
하루를 더 살게 만듭니다.

당신의 노래가

심장을 두근거리게 하고

당신의 춤이
축 처진 어깨를 일으켜 세웁니다.

당신이 없으면
나도 없습니다.

당신은 묵묵히
하루를 살지만

당신이 있기에
세상이 빛납니다.

자신을 위해서 화를 낸 것이 아니라 모두를 위해서 화를 낸 것 같아 오히려 상

사가 고마울 정도였습니다.

그렇게 생각하니 어느새 미움은 하나도 남지 않고 모두가 고맙고 사랑스럽게 느

껴졌습니다. 세상에…… 정말 놀라운 체험이었습니다.

제4장

마음 다스리기

황금보다 더 큰 선물

어느 절에서 있었던 일입니다. 큰스님이 법문을 하던 중에 갑자기 뒤를 돌아보며 부처님 앞에 올려 있던 공양물들을 바라보았습니다. 대중이 갖다 놓은 갖가지 공양물들이 산더미처럼 쌓여 있었습니다. 큰스님은 대중에게 질문을 하였습니다.

"여러분이 무엇을 갖다 드려야만 우리 부처님께서 기뻐하시겠습니까?"

그러자 대중은 큰스님의 갑작스런 질문에 잠시 생각하는 표정을 짓더니 잠시 후 한 사람씩 말을 하기 시작했습니다.

"과일입니다.""떡입니다.""돈입니다."

그럴 때마다 큰스님은 고개를 저었습니다. 모인 사람들 가운데 가장 고급차를 타고 온 사람이 마지막으로 말했습니다.

"주먹만한 금덩어릴 드린다면 엄청 좋아하실 것 같은데요."

그러면서 히죽 웃었습니다. 하지만 큰스님은 이번에도 여전히 고갤 저었습니다.

"여러분이 갖고 싶은 것들만 말하는 것 같습니다."

그러자 모두들 큰소리로 웃었습니다.

"자 무엇을 드려야만 부처님이 정말로 기뻐하시겠습니까?"

"……"

모두들 궁금한 표정으로 큰스님을 바라보았습니다.

"여러분이 매일같이 주먹만한 금덩어릴 부처님 앞에 갖다 놓을 수 있는 능력들이 계십니까? 설사 그러한들 부처님은 눈 하나 꿈쩍하지 않으실 것입니다."

"……"

모두들 말 없이 큰스님의 다음 말씀을 기다렸습니다.

"부처님 앞에 금덩어릴 갖다 놓기 위해서 얼마나 큰 노력을 들여야 하는지는 여러분이 더 잘 아실 겁니다. 그런데 그렇게 해서 금덩이를 갖다 놓은들 부처님은 하나도 기뻐하시지 않으니, 무엇을 갖다 놓아야 부처님께서 정말로 기뻐하실까요?"

대중은 무척 궁금한 표정으로 큰스님을 바라보았습니다.

"바로 여러분 마음속에 있는 욕심을 내려놓는 것입니다. 가졌는데도 더 가지려는 마음, 베풀 줄 모르는 마음, 작은 일에도 화를 내고 용서할 줄 모르는 마음, 자기만 잘난 줄 알고 사람들을 무시하는 마음, 미워하는 마음, 불평하는 마음 등등 이런 것들이 올라올 때마다 모두 내려놓으세요. 이런 잘못된 마음들을 여러

천년 동안 매일같이 _____ 많은 황금 _____ 보시하는 것보다

욕심과 분노 _____ 한없는 어리석음을 내려놓는 것이 _____ 더 큰 보시입니다.

분이 갖고 계시면 독이 되지만 부처님 앞에 내어 놓으면 황금보다 더 큰 보시의 공덕이 됩니다. 마음속의 찌꺼기를 꺼내놓으면 그 자리마다 눈부신 빛으로 가득할 것입니다. 아시겠지요?"

"네!"

대중은 모두 기쁜 표정으로 대답했습니다. 햇살이 눈부시게 황금빛으로 사람들을 비추고 있었습니다.

* * *

부처님께 황금을 올려놓는 것보다 욕심과 성냄, 어리석음을 꺼내어 갖다 놓으면 그것이 황금보다 더 큰 보시가 됩니다.

부자와 능력 있는 사람들만 보시할 수 있는 것이 아니라 누구든지 자신의 잘못된 마음을 내려놓으면 진정한 보시를 할 수 있는 것이지요.

그렇게 마음속의 찌꺼기를 하나씩 내어 놓는다면 마침내 아름다운 내면의 향기가 마음 속 깊은 곳에서부터 우러나오겠지요.

천년 동안 매일같이
많은 황금을
보시하는 것보다

욕심과 분노
한없는 어리석음을 내려놓는 것이
더 큰 보시입니다.

욕심은
더 큰 욕심을 불러오고
분노는
더 큰 분노를 생기게 합니다.

어리석을 땐
어리석은 줄도 모르는 것이니
스스로 자신을 불태우고
세상을 불태웁니다.

그러니
늘 깨어 있어야 합니다.

욕망을 다스리고
터지는 분노를 잠재우며
어리석음을 깨워내야 합니다.

오늘 마음을 닦지 않으면
내일이 두렵습니다.

미운 사람
사랑하기 🌸

어느 부인의 이야기입니다.

"저는 주변에 미운 사람들이 참 많아요. 이상하게 마음에 들지 않는 행동들을 하는 사람들이 많은 거예요. 특히 제 남편은 잠을 잘 때마다 코를 골아요. 아무리 코를 골지 말라 해도 전혀 듣질 않지요. 코를 비틀고 베개를 바꾸어 봐도 그 때뿐이에요. 할 수 없이 언제부턴가 각방을 쓰고 있지요.

그리고 출근을 하면 과 사무실의 동료가 있는데 어찌나 욕을 잘하는지 말을 하면 처음부터 끝까지 욕으로 가득 차서 사람 같지도 않다니까요. 욕 좀 하지 말라고 소리를 치면 말할 때만 그뿐, 돌아서면 어느새 입에 욕을 달고 살지요.

또한 직장상사는 잠시도 쉬지 않고 화를 내고 있어요. 마음의 편지를 써서 화를 좀 내지 말아달라고 부탁을 하면 잠시뿐, 누가 이런 편지를 썼느냐며 도로 화를 내요.

어떻게 인간들이 그러는지 미워죽겠어요. 내가 이곳을 떠나든지 어떻게 하든지 해야지 그렇지 않으면 돌아버릴 것 같아요."

잠자코 부인의 이야기를 듣다가 한마디 말을 해 주었습니다.

"부인, 참 많이 힘드시겠네요. 저라도 버티기 힘들 것 같습니다. 집에 가선 잠도 못 자고 출근하면 욕쟁이와 걸핏하면 화 내는 상사의 모습을 매일 보아야 하니……."

"네 그래요. 정말 그 사람들이 너무 미워요."

"네……. 그런데 한번 생각해 보시지요. 부인의 주변엔 왜 그렇게 미운 사람들이 많을까요?"

"그야 잘 못 사는 사람들이 많으니까 그런 것 아니겠어요?"

"과연 그럴까요?"

"무슨 말씀이신지……."

"어쩌면 부인의 마음속에 미워하는 마음이 있어서 더욱 그분들의 행동이 밉게 보이는 건 아닐까요?"

"네?"

"그러니까……. 이렇게 한 번 생각해 보세요. 주변 사람들을 미워하기보다 자신의 마음속에 있는 미움을 한번 느껴보세요. 사람들에게 아무리 말을 해도 듣질 않으니 이젠 세상으로부터 달아나려 하시잖아요? 세상을 바꾸려 하지 마시고 이젠 자신의 마음속에 있는 미움을 느껴보세요. 미움의 필터를 내려놓으세요. 마음속에 미움이 없으면 바깥에도 미워할 것들이 사라질 테니까요."

"아, 네……. 무슨 말씀이신지 알 것 같아요. 그러니까 미워하는 대상을 붙잡지 말고 미워하는 그 마음을 내려놓으라는 말씀이시지요?"

"하하하, 그래요. 그것이에요. 더 이상 세상과 싸우지 말고 이제부터는 세상을 밉게 만드는 그 미움을 정리하자는 것이지요."

그렇게 며칠이 지난 후였습니다. 부인이 배시시 웃으며 저를 찾아왔습니다.

"정말 감사합니다, 법사님. 덕분에 제가 참 많이 편안해졌어요."

"그러셨어요? 참 다행입니다."

"법사님을 뵙고서 집에 돌아가 한참을 제 안의 미움을 바라보기 위해 노력했습니다. 내 안의 미움 때문에 그동안 공연히 바깥의 사람들을 미워했구나 하면서 마음을 바라보니 신기한 일들이 생겨났습니다.

저녁에 남편이 코를 골고 자는데 그날은 이상하게도 남편이 전혀 밉지 않았어요. 오히려 이런 생각이 들더라니까요? '자면서 저렇게 코를 골고 있으니 얼마나 힘이 들까? 얼마나 고단했으면 저리 코를 골고 자는 것일까? 낮에 힘들게 일을 했으니 코를 고는 거야, 아무 일 하지 않고 빈둥댔으면 코를 골겠어?' 라는 생각을 하니까 평생 가족을 위해 묵묵히 일해 준 남편이 너무 고맙고 사랑스러웠습니다. 코고는 소리가 시끄러운 것이 아니라 다시 들으니 너무나 감사한 생명의 소리였습니다.

또한 직장에서도 놀라운 일이 생겼습니다. 욕을 해대는 동료가 그날은 전혀 밉지 않았습니다. 오히려 욕을 하면서도 주변 사람들을 잘 챙겨주는 동료가 정말 인간적으로 보였습니다. '하긴 관심이 있으니까 저렇게 힘들게 욕을 하는 거지. 솔직히 나는 욕을 하지 않지만 새침데기처럼 주변 사람들을 잘 챙겨주는 편이 아니니⋯⋯.' 하면서 스스로를 반성했습니다.

직장상사도 마찬가지였습니다. 여전히 화를 내는 직장상사였지만, 그날은 화를 내는 모습이 조금도 밉게 느껴지지 않았습니다. 조금은 다혈질적이지만 그래도 탁월한 업무능력 덕분에 늘 우리 과원들은 성과급이 두둑하고, 정리해고를 유일하게 당하지 않은 과였습니다. 자신을 위해서 화를 낸 것이 아니라 모두를 위해서 화를 낸 것 같아 오히려 상사가 고마울 정도였습니다.

그렇게 생각하니 어느새 미움은 하나도 남지 않고 모두가 고맙고 사랑스럽게 느껴졌습니다. 세상에⋯⋯. 정말 놀라운 체험이었습니다. 제 안의 미움이 그동안 수많은 사람들을 부정적으로 판단하고 자신의 입장에서만 바라보게 하였던 것이지요. 이제 어떠한 상황 속에서도 대상을 쫓아가는 것이 아니라 내 안의 미움을 내려놓고, 있는 그대로의 현실을 보기로 했어요. 더 이상 미움에게 지지 않을 테니까요. 정말로 고맙습니다. 저에게 새로운 눈이 떠진 것 같아요." 하면서 부인은 행복한 미소를 지었습니다.

"그 눈은 처음부터 부인에게 있었던 것이에요. 제가 만들어 드린 것이 아니지요. 잠시 눈을 가리고 있던 미움의 필터를 내려놓으니, 있는 그대로를 보는 것이지요."

"그래도 감사합니다. 저 혼자서는 도저히 이 힘든 상황을 이겨내지 못했을 테니까요."

"참 다행입니다. 너무나 훌륭하십니다. 바른 노력으로 이렇게 자신을 불행으로부터 탈출시키셨네요."

"네, 다시는 미워하는 마음속에 갇히지 않겠습니다. 뿐만 아니라 제 안에 있는 다른 잘못된 생각들도 내려놓겠습니다. 그렇게 된다면 얼마나 행복할 수 있을까요?"

"미움을 내려 놓으셨으니까, 다른 것도 가능하겠지요. 열심히 마음을 비워 저 허공과 같은 마음을 이루시지요."

"네, 감사합니다. 법사님도 행복하세요." 하면서 부인은 환한 미소로 인사를 하였습니다. 허리를 숙여 답례를 하면서 진정으로 부인의 성취를 기뻐하고 더 많은 기쁨이 있기를 축복하였습니다.

* * *

참 훌륭한 부인이었습니다. 처음엔 주변의 미워하는 사람들로 인해 많이 괴로워하였지만 금방 미움의 실체를 깨닫고선 본래의 마음으로 돌아올 수 있었지요.

미워하는 그 마음이 있는 한 여전히 세상은 불완전하고 미운 사람들로만 가득했겠지요. 세상을 바꾸려 아무리 노력한들 자신의

이제 어떠한 상황 속에서도 대상을 쫓아가는 것이 아니라 내 안의 미움을 내려놓고,

있는 그대로의 현실을 보기로 했어요. 더 이상 미움에게 지지 않을 테니까

요.

마음이 창조하고 있다는 것을 모르는 한, 불이 난 곳을 두고 여전히 다른 곳에다 물을 뿌리고 있는 것과 다름이 없는 것입니다.

자신의 미움이 사라지면 세상의 미움도 사라지는 것이니 이런 것이 진정한 기적이라고 말씀드릴 수 있겠네요.

우리가 미움 속에 있을 땐
미움이 보이지 않지요.

미움은 내가 아닌데
어느새
나를 마음대로 이끕니다.

미워하면 할수록
미움은 커지고
미워하면 할수록
미움은 깊어갑니다.

미움은 바람 같은 것이니
붙잡지 않으면
그냥 사라지는 것이지요.

미움에게는 힘이 없으니
관심을 보이지 않으면
저절로 사라집니다.

미움이 사라지면
그 자리가 온통 꽃밭이니
날마다 향기롭고
빛나는 웃음소리가 가득하겠지요?

미움은 그림자,
미움은 거짓말쟁이,
미움은 진실이 아닙니다.

눈을 뜨면 미움이 보이고
미움이 보이면 그대로 달아나
더 이상 미움의 노예가 되지 않습니다.

그것이 해탈이고 자유입니다.

미워하지 않을 수 있는 자유,
그것이 진정한 행복입니다.

너희들은
어느 나무에서 왔니?

연말정산을 마치고 난 어느 때쯤, 함께 식사를 하던 분이 그러셨습니다.

"법사님, 요즘 연말정산이 간소화되어 정말 편하더라구요. 무엇보다 종이를 안 쓰잖아요? 그래서 잠시 생각해 보니까 불필요한 종이를 없앨수록 마치 죽었던 나무들이 하나 둘 다시 살아나는 것 같은 기분이 드는 거예요."

"그래요? 어떻게 그런 생각을 하셨지요?"

"그냥, 그러더라구요."

"하하하……. 정말 대단하시네요. 우리가 종이를 쓰면 쓸수록 정말로 나무들이 하나 둘 베어지는 것과 같지요. 종이의 원료가 나무 말고 다른 것이 없잖아요? 그런데 연말정산을 간소화해서 나무들이 다시 살아나는 기분이라고 말씀하시니, 그 느낌이 더욱 실감 나네요."

"종이를 안 쓰면 안 쓸수록 여기저기서 풀 향기가 번져나가는 것 같아요."

"그러게요. 점점 숲이 넓어지는 것이지요."

그러면서 함께 웃었습니다. 우리 주변에 죽었던 나무들이 마치 다시 살아나는 듯 지구가 환하게 생기를 되찾는 기분이 들었습니다.

* * *

어찌나 신선한 이야기를 들었는지 정신이 번쩍 뜨였습니다. 종이를 아낄수록 나무를 살리는 것이라는 막연한 생각을 하고 있었지만, 구체적으로 연말정산간소화를 통하여 이렇게 나무를 살리는 것이라는 생각은 못했었지요. 그런데 높은 감성으로 제가 미처 깨닫지 못한 느낌들을 말씀하여 주시니 너무나 감사했습니다. 덕분에 새로운 느낌으로 종이들을 바라보게 되었구요. 종이를 아껴 많은 나무들을 살려야겠다는 생각을 했습니다.

너희들은 어느 나무에서 왔니?

착한 종이들아,

종이를 아낄수록 나무를 살리는 것이라는 막연한 생각을 하고 있었지만, 구체적으로 연말정산간소화를 통하여 이렇게 나무를 살리는 것이라는 생각은 못했었지요. 그런데 높은 감성으로 제가 미처 깨닫지 못한 느낌들을 말씀하여 주시니 너무나 감사했습니다.

어느 남쪽 따뜻한 곳에서
하루 종일 햇살을 받았던 거니?

지나가는 바람과
어떤 연애를 하였니?

과일을 주렁주렁 매달아
배고픈 사람들을 기쁘게 한 거니?

햇살과 바람
빗물,
달 빛 가득한
풀 향기가 네 몸에서 난다.

너를 안고 글을 쓰니
참 행복하다.

너희들은 어느 나무에서 왔니?
착한 종이들아.

사자처럼
걷는 방법

며칠 전 있었던 일입니다. 어느 모임에서 사람들과 함께 차를 마시며 이야기를 나누다보니 무척 화기애애한 분위기가 흘렀습니다. 대화 도중 누군가 이런 말씀을 하셨습니다.

"사람은 걸음걸이가 상당히 중요하다고 생각해요. 저는 항상 걸을 때마다 이왕이면 우아하게, 그러면서 똑바로 앞을 보면서 기품 있게 천천히 걷지요. 그래서 그런지 제가 걸을 때면 왠지 사람들이 저만 쳐다보고 있는 것 같아요. 호호호……."

함께 모여 있던 사람들이 고개를 끄덕였습니다.

"네, 맞습니다. 걸음걸이가 아주 중요하죠. 걸음걸이에 따라 복이 들어오고 나가기도 하니까요."

"그렇다니까요. 아주 우아하게 몸을 부드럽게 움직이면서 천천히 걷다 보면 어느 누구도 부럽지 않다니까요. 호호호……."

주변 사람들이 이번엔 살짝 인상을 찌푸렸습니다. 너무 잘난 체하는 듯했기 때문이었습니다. 그 때 제가 한 말씀 거들었지요.

"지금 말씀하신 분처럼 이왕이면 우아하고 천천히 걷는 것도 중요하지요. 하지만 걸음걸이 중에서 가장 잘 걷는 것은 사자처럼 걷는 겁니다." "네?"

"사자처럼 걸으면 모든 이들의 놀라움과 부러움을 받게 됩니다."

"어머 그런 게 있어요?"

그녀의 두 눈이 커다랗게 떠졌습니다.

"사자처럼 걸으면 저절로 복이 들어오고 모든 두려움이 사라집니다."

"어머, 그럼 어떻게 걸어야 사자처럼 걷는 거죠?"

그녀가 저를 빤히 쳐다보았습니다. 잠시 숨을 고르고 주변을 돌아보았습니다. 사람들이 눈을 커다랗게 뜨고 제 다음 말을 기다리고 있었습니다.

"사자처럼 걷는 것은……." "……."

모두들 침을 꼴깍 삼켰습니다.

"네 발로 걷는 겁니다!"

그 순간 모두가 깜짝 놀란 표정을 짓더니 곧 폭소를 쏟아내기 시작했습니다.

"아이, 법사님……." "하하하."

한참을 정말 오랜 시간 동안 웃음이 그치질 않았습니다.

웃어요. _____ 웃다 보면 _____ 모든 것이 _____ 저절로 이루어지지요.
누가 웃겨 주지 않아도 _____ 세상이 아프게 하여도 _____ 자신만은 _____
자신을 위로해야 해요.

* * *

　사자처럼 걷는 것이라 했더니 모두들 나름대로의 답을 상상하고 있었던 것이지요.

　당당하고 의젓하게, 어깨를 딱 벌린 채로…….

　하지만 설마, 사자처럼 걷는 것이 네 발로 걷는 것이라는 답을 아무도 상상할 수 없었기에 그런 폭소가 쏟아졌던 겁니다.

　지금 다시 그 순간을 떠올려도 너무 재미있네요.

　사자처럼 걸으려면, 정말 네 발로 걸어야 하는 것이 아닌가요?

　웃어요.

　웃다 보면

　저절로

　기분이 좋아지네요.

　웃어요.

　웃다 보면

　모든 것이

　저절로 이루어지지요.

　인상 쓴다고

되는 일 하나 없네요.
원망한다고
풀어지는 일 하나도 없고요.

누가 웃겨 주지 않아도
세상이 아프게 하여도
자신만은
자신을 위로해야 해요.

그러니 웃지요.
아주 사소한 일,
별것 아닌 일에도
그냥 웃지요.

웃다 보면
여유가 생기고
여유가 생기면
그만큼 자신감이 생길 테니까요.

웃어요.
또 웃어요.
내가 나에게 주는 가장 큰 선물…….

아주 웃긴
이야기

일전에 제가 어느 사무실을 방문했을 때의 일입니다. 살며시 문을 열고 들어서는데 사무실 안은 그야말로 총탄 없는 전쟁터를 방불케 했습니다. 각자 컴퓨터 앞에서 주어진 일에 몰두한 나머지 누가 들어오고 나가는지 전혀 신경을 쓸 분위기가 아닌 듯했습니다.

그 때였습니다. 그중 어느 분이 갑자기 나타난 저를 보곤 깜짝 놀라며 그러시는 것이었습니다.

"아니, 법사님 어떻게 오셨어요?"

그분의 목소리가 얼마나 컸던지 순간 사무실 안의 모든 분들이 하던 일을 멈추고 저를 바라보았습니다. 그 때 딱히 특별한 일이 있어 찾아간 것이 아니었기에 잠시 머뭇거리다 이렇게 말했습니다.

"문 열고 들어왔는데요."

그러자 동시에 사무실 안은 폭소의 도가니가 되었습니다.

"하하하……."

"깔깔깔……."

"호호호……."

제가 말해 놓고 그렇게 우스운 대답이었나 싶었지만 모든 분들이 웃고 계시기에 저도 함께 웃었습니다.

전쟁터와 같았던 사무실 안이 갑자기 웃음 폭탄이 터져 모든 적들을 일시에 소탕할 수 있었습니다.

* * *

웃음은 만병통치약이라 합니다. 제가 좀 썰렁한 개그를 많이 합니다만, 너무 나무라지 마십시오.

이런 새싹을 키워야만 큰 나무로 자라듯, 썰렁한 개그를 하다 보면 대박 웃음도 만들어 낼 수 있지 않을까요?

웃기려고 노력하는 사람 반에 반만 노력하면 누구나 웃을 수 있으니까요.

일단 웃어 봐요.
작은 일에

세상에서 _____ 가장 기분 좋은 사람

세상에서 _____ 가장 행복한 사람이 되려면 _____ 일단 웃어 봐요.

사소한 일에
너무 신경 쓰지 말고
일단 웃어 봐요

웃다 보면
신기하게
일이 풀리네요.

웃다 보면
저절로
막힌 일이 풀리네요.

세상에서
가장 기분 좋은 사람

세상에서
가장 행복한 사람이 되려면
일단 웃어 봐요.

웃는 사람은
인상 쓰는 천재보다
똑똑해요.

웃는 사람은
화난 재벌보다
더 부자예요.

지금 웃을 수 있다면
가장
성공한 사람이에요.

누구를 부러워 말고
가장 먼저 웃으세요.

그러면 당신은
가장 축복받은 사람이 될 거예요.

알면서도 못하면
어떡하나요?

일단 웃어 봐요.
작은 일에
사소한 일에
너무 신경 쓰지 말고
일단 웃어 봐요.

진짜
무서운 것

며칠 전 어느 모임에서 있었던 일입니다.

모임에 참석했던 여러 사람 중에 유달리 등치가 크고 인상이 강렬한 여성분이 있었습니다. 그런데 겉모습과는 달리 보면 볼수록 너무나 상냥하고 약간 혀가 꼬부라진 목소리로 콧소리 나는 말을 했습니다. 다만 공주병에 걸린 듯한 착각을 일으키는 것이 좀 흠이었지요. 하지만 주변사람들은 아무 말도 못하고 그 사람의 이야기를 경청했습니다.

"저, 있잖아요. 저는 너무 무서움을 많이 타는 것 같아요. 어릴 때부터 얼마나 무서웠는지 혼자서는 어딜 다니질 못했다니까요. 그런데 글쎄, 지난 번에 어느 골목길을 걸어가고 있는데 갑자기 누가 나타났잖아요? 얼마나 놀랐던지……. 정말 간 떨어지는 줄 알았어요."

등치 큰 사람이 몸을 꼬아가면서 그 때 있었던 상황을 말하는 모습이 너무나 재미났습니다.

그런데 평상시 같으면 그냥 넘어갈 것을, 그 날은 왠지 장난기가 발동했습니다.

"저 있잖아요……."

침묵을 지키고 있던 사람들이 갑자기 저를 바라보았습니다.

"자꾸 무섭다, 무섭다 하시는데 사실 골목길에서 마주쳤던 그 사람도 상당히 놀랐을 거예요."

"왜죠?"

그 사람은 정말 궁금해서 물어보는 표정으로 눈을 동그랗게 떴습니다.

"왜냐하면……. 무섭다 하시는 분이 더 무섭게 생기셨거든요."

그러자 모두들 배꼽을 잡고 웃기 시작했습니다. 깔깔대며 어찌 할 바를 몰랐습니다.

"어머, 법사님……."

"하하하……."

그 사람은 저를 째려보았지만 곧 웃어넘기며 함께 즐거운 시간을 가졌습니다.

* * *

조금 공주병이 있었지만 마음이 넓은 분이었기에 그런 농담을

토끼는 _____ 사자를 보고 쓰러집니다.

새끼사자가 자신을 깨달을 때 _____ 비로소 진정한 평화가 있겠지요.

할 수 있었던 것이지요.

정작 자신만 모를 뿐이지, 자신이 가장 무섭게 생겼다는 걸 늦기 전에 알아야 할 것 같아서 농담처럼 말씀을 드렸습니다.

어쩌면 우리도 그럴지 모릅니다. 자신이 화를 잘 내면서 다른 사람이 화내는 것을 불평하거나, 자신이 게으르면서 다른 사람이 게으른 것을 싫어한다면 얼마나 큰 모순일까요?

당신 덕분에 웃었습니다.

조금은 미안했지만
사실 그랬습니다.

당신이 조금은 무섭게 생겼다는 걸
알아야
다른 사람을 덜 원망할 것 같았습니다.

새끼사자가 토끼를 보고
놀라지만

토끼는
사자를 보고 쓰러집니다.

무서워하는 사람이
더 무서울 수 있고

폭력을 싫어하는 사람이
더 난폭할 수 있습니다.

우린
진실을 마주해야 합니다.

새끼사자가 자신을 깨달을 때
비로소 진정한 평화가 있겠지요.

부부싸움 끝내는 방법 ✿

싸움이 잦은 부부가 있었습니다. 매일 한 번도 어김없이 무슨 이유를 들고서라도 부부는 싸웠습니다. 처음엔 사소한 일로 시작된 언쟁이 나중엔 지난 일까지 들춰가면서, 지칠 때까지 악다구니를 써가며 싸웠습니다. 두 사람이 싸우는 것엔 아무 문제가 없는데 다만, 아이들이 문제였습니다.

고래싸움에 새우등 터진다는 말처럼 아이들이 커가면서 부모의 말을 듣지 않는 것이었습니다. 그제서야 문제의 심각성을 알아챈 부부는 자신들의 삶을 제고해야 한다는 것을 깨달을 수 있었습니다.

어느 날 오후 늦은 시간, 부부는 함께 저를 찾아와 상담을 의뢰했습니다. 부끄러운 마음에 두 사람 다 고개를 들지 못했습니다. 부부에게 번갈아가며 물었습니다.

"쉬운 방법과 어려운 방법 두 가지가 있습니다. 어느 것을 택하시겠습니까?"

"쉬운 방법과 어려운 방법에 대해서 설명해 주십시오."

"쉬운 방법은 여러분 자신의 노력으로 스스로를 치유하는 것이고 어려운 방법은 제가 직접 두 분을 치유하는 것입니다."

"우리들은 이제 더 이상 아무런 대화를 나눌 수가 없습니다. 입만 열었다 하면 싸우는 일밖에 없습니다. 우린 부부가 아니라 웬수입니다."

"그러면 제가 두 분에게 제안을 하겠습니다. 한번 해 보시겠습니까?"

"무슨……."

"좋습니다. 먼저 아내 분께서 무슨 말이든 하시고 싶은 말씀이 있으면 말을 해 보십시오. 그 대신 절대 남편 분께서는 아내 분의 말씀이 끝나기 전에 말을 끊어서는 안 됩니다. 아시겠죠?"

"네."

부인은 처음에 무슨 말인지 몰랐지만 곧 알았다는 듯 회심의 미소를 지었습니다.

부인이 입을 열자 그동안 있었던 남편의 험담을 적나라하게 쏟아내기 시작했습니다. 신혼시절부터 최근의 일까지 입에 가득 거품을 문 채 남편에 대한 원망이 끝이 없었습니다. 그 때마다 남편의 얼굴은 붉으락푸르락 달아오르며 안절부절 못했습니다. 아내를 향해 손가락질을 하며 억울하다는 듯 몇 번인가 심하게 가슴을 쳤습니다. 아내는 그런 남편을 바라보고선 신이 난 듯 더욱 목소리를 높여가며 그동안 쌓였던 울분을 토해 냈습니다.

한참의 시간이 지난 후 이번엔 반대로 남편에게 하고 싶은 말을 하게 했습니다. 그러자 이번엔 남편의 반격이 시작되었습니다. 부부로 살아오는 동안 가슴 속에 맺혔던 뼈아픈 사연들이 고스란히 쏟아졌습니다. 아내는 남편의 말을 들으면서 억울하고 분한 표정으로 동공이 무한대로 확장되고선 가만히 앉아 있질 못했습니다.

어느 정도 시간이 지나면서 두 사람의 이야기가 거의 끝나갔습니다.

"두 분 다 참 잘하셨습니다. 더 하시고 싶은 말씀이 계신가요?"

"아닙니다. 이 정도만 했어도 속이 시원합니다."

부부가 똑같이 대답을 했습니다.

저는 빙그레 웃음을 띠며 다시 질문을 하였습니다.

"자신의 이야기를 상대방 앞에서 끝까지 하게 되니까 기분이 어떤가요?"

"정말 행복합니다. 10년 체증이 다 풀어진 듯 어떻게 말로 설명할 수가 없는 기분이네요. 처음으로 아내 앞에서 제 이야기를 다하게 된 것 같습니다."

"저도 그래요. 이렇게 한참 동안 남편에게 하고 싶었던 이야기를 하게 되니까 가슴이 뻥 뚫리고 훨훨 날아갈 것 같아요."

"또 하시고 싶은 말씀 없습니까?"

남편은 살짝 아내를 바라보며 눈치를 살피는 것 같더니 긴 한숨을 쉬면서 말을 꺼냈습니다.

"아내의 이야기를 듣고 보니 처음엔 저를 이해해 주지 못하고 비난만 하기에 억울하고 화도 났지만 점점 들을수록 아내의 심정이 이해되고 맞는 이야기만 하는 것 같았습니다. 그동안 아내가 다 잘못한 줄 알았는데 알고 보니 제 잘못이 크다는 것을 오늘에서야 깨달았습니다."

그러자 잠자코 있던 아내가 남편을 바라보며 말을 꺼냈습니다.

"무슨 소리예요? 저도 똑같습니다. 처음엔 남편이 하는 말을 들으면서 황당한 심정으로 무슨 말을 저렇게까지 하는가 싶어 당장 뛰쳐나가고 싶었지만 꾸욱 참고 남편의 이야기를 듣다 보니 한편으로 그 말도 맞다는 생각이 들었습니다. 내가 그동안 남편을 너무 오해했었다는 생각을 하면서 많이 반성했습니다. 남편 말을 듣고 보니 오히려 제 잘못이 더 큰 것 같습니다."

"아니야, 내 잘못이 더 크다니까."

"아니에요. 내 잘못이 더 커요."

부부는 마침내 눈물을 글썽이며 서로의 손을 잡았습니다.

"참, 잘하셨습니다. 두 분께서는 그동안 살아오면서 서로의 이야기를 들으려 하기보다는 자신의 이야기만을 하고 싶어 했기 때문에 별일 아닌, 사소한 것들에도 충돌이 일어났던 겁니다. 그러니 이제부터는 상대방이 이야기를 하면 무조건 끝까지 들어주십시오. 결코 중간에서 가로채지 마시고 무슨 말이든 들어주십시

그저 들어주기만 해도 _____ 놀라운 기적이 일어납니다.

큰 귀가 부러운 것이 아니라 _____ 오래 듣는 귀가 부럽습니다.

오. 그러다 보면 상대방의 뜻을 이해하게 되고 깊은 대화를 나눌 수 있을 것입니다."

"정말 감사합니다. 법사님……. 이렇게 쉬운 방법이 있었군요. 그냥 들어만 주면 되는 것이네요. 하하하……."

"이제부터는 절대로 제 말만 하지 않고 남편의 말도 가로채지 않겠습니다. 감사합니다. 법사님……."

부부는 들어올 때 무겁고 축 처진 어깨를 활짝 펴면서 밝고 환한 얼굴로 돌아갔습니다.

* * *

그렇습니다. 싸움이란 서로의 견해를 무시했을 때 일어나게 되는 것이지요. 상대방을 인정하지 않는데 그 사람이 자신을 인정할 수 없는 것은 당연한 것이지요.

우리들의 열려 있는 귀를 잠시만 집중하면 수많은 싸움과 갈등에서 벗어날 수 있습니다.

말하는 것보다 들으려는 노력을 할 때 모든 이들과 화합된 행복한 순간들을 맞이할 수 있지요.

큰 귀가 부러운 것이 아니라
오래 듣는 귀가 부럽습니다.

잘생긴 귀가 부러운 것이 아니라
참고 기다리는 귀가 부럽습니다.

입보다
귀를 많이 사용하는 사람들이
건강하고 성공합니다.

귀 기울이면
안 들리던 세상이 들립니다.

귀 기울이면
안 보이던 세상도 보입니다.

그저 들어주기만 해도
놀라운 기적이 일어납니다.

큰 귀가 부러운 것이 아니라
오래 듣는 귀가 부럽습니다.

그 순간 스승은 제자를 향해 냅다 소릴 질렀습니다.

"바로 너다!"

벼락 같은 음성이 떨어지는 순간, 제자는 눈을 떴고 그 한 순간 눈앞의 별들이 모두 사라져버렸습니다. 동시에 그 칠흑 같은 어둠 속에서 오직 홀로 빛나는 자신, 온통 빛으로 눈부신 자신의 영혼을 깨달을 수 있었습니다.

제5장

스
승
에
게
배
운
사
랑

별보다
눈부신 것

스승과 제자가 함께 바위 위에 앉아 밤하늘을 쳐다보았습니다. 어느 때보다 수많은 별들이 눈부시게 반짝이며 빛났습니다. 어린 제자가 밤하늘을 올려다보며 탄성을 질렀습니다.

"와, 세상에……. 별이 너무나 눈부셔요. 금방 손바닥 위로 쏟아질 것 같아요."

스승은 말없이 고개를 끄덕였습니다.

"스승님, 도대체 저 별은 어떻게 빛이 나는 걸까요?"

"……"

"너무 궁금한 것 있죠? 별이 너무 많아요. 정말 눈부셔요."

제자의 두 눈 속에는 셀 수 없이 많은 별들이 총총 빛나고 있었습니다.

"하하하……."

스승은 호탕하게 웃었습니다.

"그놈 참……. 지금 네 눈앞에 보이는 별들보다 더 빛나는 것이 있다. 저 모든 별빛들을 한자리에 모아도 이 빛을 이겨낼 수 없단다.

"그런 게 있어요?"

"눈을 감아보렴."

제자는 두근거리는 마음으로 눈을 감았습니다.

"세상에 어떻게 그런 일이……."

한참의 시간이 흘렀습니다. 스승과 제자 사이에 태고의 침묵이 흘렀습니다.

"스승님, 그 별이 어디에 있어요?"

"눈을 감으면 사라지는 저 별들은 진실이 아니다."

"그럼 무엇이 진짜 별이에요?"

"눈을 감을 때나, 눈을 뜰 때나 언제나 한결같은 것, 시간이 흐르거나 멈추거나 상관없는 것."

"정말로요?"

"저 별들을 모두 빛나게 하는 것……."

"스승님, 보고 싶어요."

그 순간 스승은 제자를 향해 냅다 소릴 질렀습니다.

"바로 너다!"

벼락같은 음성이 떨어지는 순간, 제자는 눈을 떴고 그 한순간 눈앞의 별들이 모두 사라져버렸습니다. 동시에 그 칠흑 같은 어

스승은 별들을 빛나게 하는 모든 근본의 에너지가 바로 자신임을 깨닫게 해 줍니다.

제자도 비로소 눈을 뜨고 자신이 우주의 중심임을 알게 되는 것이죠.

둠 속에서 오직 홀로 빛나는 자신, 온통 빛으로 눈부신 자신의 영혼을 깨달을 수 있었습니다.

한 점 부끄러움이 없고, 한 점 티끌이 없는 순백의 광영이 온몸으로 흘러 사방으로 퍼져나갔습니다. 그 빛이 온 우주로 흘러들어가자 다시 별들이 반짝이기 시작했습니다. 밤하늘의 별들이 춤을 추고 있었습니다. 제자는 비로소 자신이 온 우주의 중심임을 깨달았습니다. 자신이 헤아렸던 모든 별들이 비로소 자신의 반영임을 알 수 있었습니다.

제자는 스승에게 감격의 큰절을 올렸습니다.

"스승님, 어떻게 이런 일이 가능한 거죠?"

"어떻게 이런 일이 가능하지 않을 수 있겠느냐?"

스승의 호탕한 웃음소리와 함께 제자의 맑은 미소가 함께 밤하늘을 적셨습니다. 별빛들이 유난히 눈부신 밤이었습니다.

* * *

보이는 세상이 아무리 화려하고 웅장하게 보여도 결국 보는 자가 있을 때 가능한 것입니다. 보는 자가 없다면 그 순간 보이는 것들은 무의미해지는 것이죠. 밤하늘에 가득한 별빛들이 아무리 무한대로 펼쳐져 있어도 그 무한대의 별을 바라보는 사람이 없다면 별들이 계속 빛날 수 있을까요?

눈을 감으면 사라지는 것들……. 그렇기 때문에 스승은 별들을

빛나게 하는 모든 근본의 에너지가 바로 자신임을 깨닫게 해 줍
니다. 제자도 비로소 눈을 뜨고 자신이 우주의 중심임을 알게 되
는 것이죠.

　사라지는 것들 때문에 우리가 속상해하고 힘들어하면 안 되겠
지요. 누가 뭐라 해도 우린 모두 세상의 중심입니다.

　별을 쫓아가지 마세요.

　별빛이 눈부시고
　아무리 화려해도
　당신보다 눈부시진 않아요.

　사랑을 쫓아가지 마세요.

　사랑이 감미롭고
　아무리 가슴을 녹여내도
　당신보다 소중하진 않아요.

　열정을 쫓아가지 마세요.

　열정이 뜨겁고

모든 것이 가능하게 보여도
지금 당신보다 행복하진 않아요.

당신은 처음부터
완전해요.
조금도 부족함이 없죠.

나는 그걸 말하고 싶었던 거예요.

당신 스스로
당신을 아는 그 순간이,
얼마나 황홀하고
눈부신 기쁨인지를…….

사랑합니다.
사랑합니다.

조금만 더
친절하십시오

오랜 시간 동안 수행과 기도로 많은 이들의 존경을 받는 스승이 있었습니다. 늘 잔잔한 미소와 평화로운 얼굴로 수많은 제자들을 이끌었습니다. 그의 가르침은 평범하면서도 심오하였으며 성냄과 욕심에 물든 어리석은 사람들을 바르게 이끌었습니다.

언제부터인가 스승의 몸에 가벼운 미열이 생겼습니다. 처음엔 가벼운 증상인 줄 알았는데, 주변사람들과 제자의 극진한 간호에도 불구하고 스승은 시간이 지날수록 기력이 쇠잔해졌습니다.

모두들 안타까워하면서 스승의 건강을 기원하는 기도를 하였습니다. 하지만 예정된 시간은 점점 다가왔고 마침내 호흡이 가빠지기 시작했습니다. 스승은 가까스로 마지막 호흡을 챙기고 있었습니다.

스승의 위급한 소식을 듣고 내로라하는 정치인, 학자, 예술가,

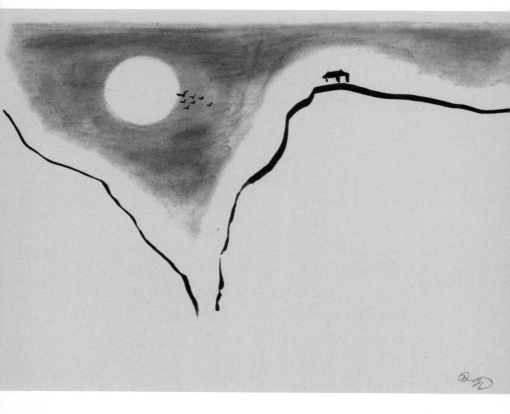

진실을 갈망하고 _____ 영원을 꿈꾸던 _____ 저에게 _____ 당신은 빛으로 _____ 쏟아졌습니다.

좀 더 친절하고 _____ 좀 더 이해하며 _____ 조금만 더 지혜로워지겠습니다.

종교인들이 모여들기 시작했습니다. 그리곤 스승의 마지막 가르침을 듣기 위해 모두들 귀를 세웠습니다.

"스승님, 바른 진리가 무엇입니까?"

사람들 중에서 누군가 큰 소리로 물었습니다. 그러자 스승은 감았던 두 눈을 힘겹게 뜨며 주변을 돌아보았습니다. 숨소리도 들리지 않을 정도로 깊은 침묵이 흘렀습니다.

"평생 동안 스승님께서 진정 깨달은 것은 무엇입니까?"

스승은 마지막 힘을 내어 천천히 입을 열었습니다.

"어떠한 종교도 철학도 그 무엇이라도 이것보다 위대하지 않습니다."

"말씀해 주십시오. 스승님께서 평생 노력해서 깨달은 것이 무엇입니까?"

그러자 스승은 무척이나 간곡한 목소리로 말했습니다.

"사람들에게 좀 더 친절하십시오. 좀 더 이해하십시오. 그리고 조금만 더 자신을 돌아보십시오. 그러면 됩니다."

"아……."

모여 있던 사람들이 고개를 끄덕이는 순간, 드디어 스승은 행복한 미소를 지으며 눈을 감았습니다. 그 때 마침, 하늘의 큰 별 하나가 눈부신 섬광을 쏟아내며 밑으로 떨어지고 있었고, 사람들의 가슴속으론 스승의 가르침이 커다란 감동으로 울려 퍼졌습니다.

* * *

　그렇지요. 어떠한 종교도 철학도, 그 무엇이라도 친절하지 않고, 상대방을 이해하지 않으며 그리고 자기 자신을 알지 못한다면 아무런 의미가 없는 일들이겠지요. 깨달음이 없는 종교, 실천하지 않는 철학, 박제가 된 학문으론 우리들을 행복으로 이끌어 줄 수 없습니다. 작은 친절, 따뜻한 관심, 그리고 진실한 깨달음만이 우리를 구원하고 그 영혼을 풍성하게 해 줄 것입니다.

제 가슴속
가장 뜨거운 곳에
당신이 있습니다.

당신은
말없이
저를 이끌고

기쁨으로
상처를
치유합니다.

진실을 갈망하고
영원을 꿈꾸던
저에게
당신은 빛으로
쏟아졌습니다.

좀 더 친절하고
좀 더 이해하며
조금만 더 지혜로워지겠습니다.

당신의 눈물로
제 가슴이 뜨거워집니다.

당신의 미소로
제 가슴이 편안해집니다.

시작과 끝인 당신…….

사랑합니다.

소금이 짜다

진리를 찾는 사람이 있었습니다.

평생 동안 이 곳 저 곳을 돌아다니며 진리를 깨달았다는 수많은 스승들을 찾아다녔습니다. 하지만 자신이 찾고 있는 진리를 명확히 설명해 주는 스승을 아직 만나보질 못했습니다.

그러던 어느 날, 사람들에게 최고의 깨달음을 이루었다고 소문이 자자한 어느 스승을 찾아갈 수 있었습니다.

문을 열고 방안에 들어서니 마침 그 스승이 식사 중이었습니다. 간단하게 인사를 드린 후 대뜸 질문을 하였습니다.

"스승님, 진리가 무엇입니까? 어떤 것이 바른 진리입니까?"

스승은 아무 대꾸 없이 계속 식사를 하였습니다. 그리곤 앞에 놓인 소금을 찍어 먹더니, "소금이 짜네." 하는 것이었습니다.

다급한 마음으로 구도자는 다시 질문을 하였습니다.

"스승님, 궁금합니다. 당신께서 깨달은 진리가 무엇입니까?"

여전히 스승은 묵묵부답이었습니다. 그리곤 무심히 식사를 하였습니다.

"소금이 짜다니까……."

그리곤 그만이었습니다. 제자는 어처구니가 없었습니다. 마지막으로 다시 스승에게 질문을 하였습니다.

"스승님, 간절히 부탁드리옵니다. 도대체 바른 진리가 무엇입니까? 어떤 것이 영원히 변하지 않는 진리입니까?"

그러나 이번에도 스승은 그저 묵묵히 식사를 할 뿐이었습니다.

"역시 소금은 짜……."

보다 못한 제자가 큰 소리로 말했습니다.

"스승님, 소금이 짜지 그럼 안 짠 소금도 있습니까?"

그제서야 스승이 제자를 돌아보았습니다.

"그래, 소금이 짜야지, 안 짜면 소금이겠는가?"

"아!"

그 순간 제자는 알 수 없는 환희심이 온몸에서 일어났습니다.

"소금이 짜고, 설탕이 달아야지, 소금이 달고 설탕이 짜면 되겠는가? 단순함 바로 그것이네. 눈에 보이는 그대로가 진리인 것을……."

제자는 마침내 스승께 큰 절을 올렸습니다.

평생 동안 져왔던 무거운 짐들을 내려놓으며 구도자는 마침내 환한 미소를 지었습니다.

* * *

진리는 무엇일까? 살면서 누구나 가져 보는 질문일 것입니다. 하지만 진리를 구하는 사람은 많아도 진리를 깨달은 사람은 그리 많지 않습니다. 진리는 객관적으로 증명할 수 있는 것이 아니기 때문에 상황에 따라서 수많은 정의를 내릴 수 있을 것입니다. 하지만 중요한 것은 완전한 진리라고 말하는 순간, 그 진리는 언어 속에 갇혀버리는 안타까운 상황이 펼쳐진다는 것이지요. 단순함, 있는 그대로 바라보라는 이 글 속에서의 가르침도 진리의 부분일 겁니다.

소금이 짜다는 것은 누구나 알고 있는 사실이지요. 하지만 이 것을 의심해 본 사람은 아무도 없을 것입니다. 바로 어쩌면 의심할 수 없는 당연함이 바로 진리일 수 있겠지요.

생각으로 진리를 구하려 들면 영원한 생각의 소용돌이에 그치고 말 것입니다. 진리에 대한 수많은 설명이 가능한 것도 그 때문입니다. 하지만 진리를 많이 안다 해서 그 사람이 진리와 하나가 되는 것은 아닙니다. 왜냐하면 그 사람은 진리를 수집할 뿐, 진리 그 자체가 되지 않았기 때문입니다. 그래서 스승이 진리를 설명하지 않았던 것입니다. 오히려 진리를 구하려 드는 그 생각을 놓게 하여, 있는 그대로의 실상을 체험할 수 있게 한 것이지요.

우리 주변을 한 번 돌아보십시오. 너무나 분명한 것들이라 당연하게 생각하는 것들이 바로 진리입니다. 소금이 짜고 설탕이

"소금이 짜고, 설탕이 달아야지, 소금이 달고 설탕이 짜면 되겠는가? 단순함 바로 그 것이네. 눈에 보이는 그대로가 진리인 것을……."

단 것, 꽃이 피고 시드는 것, 강물이 흐르고 새가 지저귀는 것, 해가 뜨고 지는 것, 책을 쓰고 글을 읽는 것, 당신과 내가 함께 있는 것 등등 모든 것이 바로 진리인 것입니다.

있는 그대로가 진리
눈에 보이는 그대로가 진리
있는 것을 없다 하고
없는 것을 있다 하면
그것은 커다란 어리석음

겨울은 춥고
여름은 덥네.

소년은 늙고
노인은 죽네.

새는 지저귀고
풍경은 종알종알…….

있는 그대로가 진리
눈에 보이는 그대로가 진리.

호수에는
꽃이 피었네

어느 날 호숫가에서 명상에 잠겨 있는 스승에게 어두운 낯빛을
한 제자가 찾아와 말했습니다.

"스승님, 지금 제 마음이 너무나 불안하옵니다. 부디 이 마음을
편안하게 해 주십시오."

스승은 무척이나 안타까운 표정으로 제자를 바라보았습니다.

"무엇이 그대를 힘들게 하는가?"

"예, 세상 모든 것이 힘듭니다. 지금까지 만나는 사람들마다 저
에게 너무 많은 상처를 주었습니다. 제 마음을 알아주는 사람은
한 사람도 없고 그동안 너무 억울하게 살았습니다. 착하게 살려
했는데……."

그러자 스승은 눈을 감고 가만히 제자의 이야기를 듣고 있었습
니다.

"이리 오게."

제자는 스승의 옆으로 다가갔습니다. 스승 곁에 서 있으니 자신의 얼굴이 호숫물에 비쳤습니다.

"……."

제자는 물끄러미 물 속에 비친 자신의 얼굴을 바라보았습니다.

"자네 얼굴을 보고 있자니 무슨 생각이 드는가?"

"걱정과 불안이 많아 보입니다. 참 불쌍해 보입니다."

스승은 고개를 끄덕였습니다.

"어떻게 하면 저 물 속의 사람이 웃을 수 있겠는가? 결코 물을 건드리지 말고서 저 물 속의 사람이 한 번 웃도록 해 보게"

제자는 자신에게 질문을 던지는 스승에게 대답했습니다.

"그야 쉬운 일이지요. 제가 이렇게 웃으면 되지요." 하면서 제자는 얼굴 가득 미소를 지었습니다. 그러자 물속의 사람도 동시에 환하게 미소를 짓는 것이었습니다.

"그렇구만……. 안에서 웃으니 밖에서도 웃네."

스승은 기쁜 표정으로 손뼉을 쳤습니다.

"아……!"

그 순간 제자는 깨달을 수 있었습니다. 모든 것이 자신의 반영이라는 것을.

"스승님……."

제자는 스승 앞에 털썩 주저앉았습니다.

"자네 얼굴을 비친 세상이 무슨 잘못이 있겠나? 자네가 웃으면

지금 일어나는 모든 상황의 원인이 자신에게 있음을 깨닫고 자신의 삶을 변
화시킨다면 놀라운 기적이 생겨날 겁니다.

따라 웃고 자네가 찡그리면 따라 찡그린 것이니…….

세상과 싸우지 말고 이젠 자신과 화해하게, 자네는 언제
든지 세상을 바꿀 수 있는 사람이니……."

제자는 스승께 감사의 눈물을 흘렸습니다.

"그동안 너무 어리석었습니다. 저를 몰라주는 사람들을 원망하
고 불평했는데 알고 보니 저부터 사람들을 몰라주었던 것 같습니
다. 제 얼굴에 비친 모습들이었으니 제 잘못이지요. 스승님, 어리
석은 사람을 일깨워주셔서 감사합니다. 정말 고맙습니다."

스승과 제자는 함께 일어나 호숫가를 거닐며 즐거운 담소를 나
누었습니다. 햇살이 눈부시게 호수의 물결을 황금조각으로 빛나
게 하였고 세상은 더 아름답게 눈부셨습니다.

* * *

얼굴을 비쳐주는 물결이 무슨 책임이 있을까요? 인상을 쓰면
쓰는 대로, 미소를 지으면 짓는 대로 그대로 우리에게 보여지는
것이겠지요.

물 속의 사람을 웃게 하기 위해서 아무리 물을 움켜잡고 흔들
어 댄들 물 속의 사람이 웃을 리 없지요. 왜냐하면 물 속의 원인
이 물 밖에 있었기 때문입니다.

살다 보면 세상이 내 맘대로 안 되고 사람들과도 불편하고 하
는 일마다 엉망으로 변할 때가 있습니다. 그럴 때마다 세상을 원

망하며 불평을 한다면 여전히 그와 비슷한 일들이 생겨날 뿐입니다. 하지만 지금 일어나는 모든 상황의 원인이 자신에게 있음을 깨닫고 자신의 삶을 변화시킨다면 놀라운 기적이 생겨날 겁니다.

지혜로운 사람일수록 무엇이 현명한 방법인지 잘 알겠지요.

바람 부는 날,
호숫가를 거닐었네.
그리곤 물에 비친 내 모습을 보았네.
파란 호숫가에서 검은 얼굴을 보았네.
하늘도 파랗고 호숫물도 파란 세상에서
혼자만이 검은 얼굴이었네.

그 때 새 한 마리가 날아왔네.
아주 작고 어여쁜 새가,
초록의 깃털과 빠알간 부리가 있는…….

그 새가 호수 위를 날아갈 때마다
호수에는 꽃이 피었네,
빠알간 꽃과 초록의 이파리가 눈부시게 흔들렸네.

그날 나는 바람을 보았고

진정 아름다운 생명을 보았네.

새를 쫓아 한참을 달려가니
어느새 얼굴이 빠알갛게 변하고
가슴이 초록으로 눈부셨네.
생명의 에너지가 온 몸을 적셨네.

다시 돌아와 얼굴을 보니
어느새 검은 얼굴은 사라지고
빠알간 꽃잎이 초록의 물결 속에서
눈부시게 빛났네.

나는 정신없이 호수를 물들이며
하루 종일 날아다녔네.

바람을 따라 한없이 날아다녔네.

득음 위의
득음

당대 최고의 명창에게서 십 년이 넘도록 소리 공부를 한 제자가 있었습니다. 수많은 세월 동안 스승을 그림자처럼 떠나지 않고 공부를 하다 보니 이제는 스승의 숨소리도 따라할 정도가 되었습니다.

마침내 제자는 천신만고 끝에 스승에게서 모든 가르침을 배우고 득음을 이루게 되었습니다. 득음을 이뤄 기쁨의 눈물을 흘리고 있는 제자에게 스승이 말했습니다.

"그동안 고생했다."

"아닙니다, 스승님. 스승님의 가르침이 없었더라면 지금의 저는 없었을 겁니다."

"아니다. 너 정도 노력이면 누구라도 득음을 이뤘을 것이다."

"아닙니다. 스승님……. 이 은혜 평생 잊지 않겠습니다."

제자가 스승에게 감사의 절을 올렸습니다. 그리곤 스승에게 정중하게 질문을 하였습니다.

"그런데 스승님, 제가 명창이 되고 득음을 이루었다 해도 스승님의 소리하곤 비교도 안 됩니다. 어찌 그런 것입니까?"

"득음이란 이제 비로소 소리의 시작이니라. 그러니 자만하지 말고 더욱 소리에 전념하라."

"그럼 득음보다 더 높은 경지가 있단 말입니까?"

"옳거니, 네가 아무리 득음을 이룬 명창이라도 네 입 안에 든 게 있으면 소리가 제대로 나오느냐?"

"아닙니다. 입 안에 다른 것이 있다면 소리는 나올 수 없습니다."

"그런 것처럼, 네가 소리를 한다는 생각으로 소리를 내면 그것은 고작 네 목소리를 내는 것이니……."

"그럼 무엇이 득음보다 더 높은 경지입니까? 제자를 위하여 말씀해 주십시오."

"너를 잊어라. 명창도 득음도 내려놓고, 인간사 희로애락마저 뛰어 넘어라. 목구멍으로 소리를 내지 말고 온 몸으로 내고, 소리를 지르지 말고 울림이 되어라. 산하대지 두두물물 자연이 너를 통해 울리게 하라. 태양처럼 타오르고 달빛처럼 어루만져라. 성난 우레처럼 터트리고 바다처럼 고요해라. 너를 잊고 이 우주와 하나가 되는 것, 그것이 바로 득음 위의 득음이니라."

버리면 _____ 버릴수록 _____ 채워지는 이치이니
꿈속에서는 _____ 알 수 없는 경지입니다.

제자는 온몸에 땀을 흘리며 마침내 스승의 완전한 가르침 앞에 감격의 눈물을 흘렸습니다.

"득음까지는 내가 필요했겠으나 득음 위의 득음은 너 스스로 이루어야 하는 것이니라."

"스승님……."

"떠나거라."

제자는 마침내 스승에게 감사의 절을 올리며 흐느꼈습니다. 슬픔도 기쁨도 아니면서 슬픔과 기쁨을 껴안은 눈물이었습니다.

* * *

놀라운 스승의 가르침입니다. 오랜 세월 각고의 노력으로 득음을 이룬 제자에게 스승은 득음 위의 득음의 경지를 가르쳐 줍니다. 인간의 목소리가 낼 수 있는 경지가 득음이라면, 인간의 희로애락을 뛰어넘어 순수 자연의 목소리를 낼 수 있는 것이 바로 득음 위의 득음인 것이지요.

입 안에 든 것이 있다면 아무리 명창이라도 소리를 낼 수 없는 것처럼, 마지막 최고의 경지에선 '나'라는 생각, 명창과 득음, 소리를 성취했다는 자아가 사라져야지만 진정한 소리를 낼 수 있다는 가르침입니다.

비울수록
더 비우고

낮출수록
더 낮춰지고 싶습니다.

버리면
버릴수록
채워지는 이치이니

꿈속에서는
알 수 없는 경지입니다.

점은 좀
칠 줄 압니다

산 속에서 오랜 시간 고행을 하다 내려온 스님이 있었습니다. 그러자 산에서 내려온 스님의 소문을 들은 사람들이 하나 둘 스님 곁으로 모여들었습니다. 옷은 남루하였지만 눈빛은 반짝반짝 빛났습니다. 누군가 그에게 물었습니다.

"혹시 사주를 보실 수 있습니까?"

사람들이 기대에 찬 표정으로 스님을 바라봤습니다.

그러자 스님은 고개를 저었습니다.

"그럼 관상은 보십니까?"

이번에도 똑같이 수행자는 고개를 저었습니다.

사람들의 실망한 표정들이 역력했습니다. 그러자 스님은 사람들을 돌아보며 한마디 했습니다.

"제가 다른 건 못해도 점은 좀 칠 줄 압니다."

순간 사람들의 표정이 환하게 밝아지면서 동시에 자신의 점을 쳐달라며 많은 사람들이 스님 앞으로 몰려들었습니다. 스님은 사람들을 지그시 바라보더니 안경을 끼고 있는 사람을 가리켰습니다.

　"안경을 벗으시오."

　그러자 그 사람은 환호성을 지르며 시키는 대로 안경을 벗었습니다.

　"좀 더 가까이……. 다가오시오."

　사람들이 모두 궁금한 표정으로 스님을 바라봤습니다.

　안경을 벗은 사람이 질끈 눈을 감았습니다. 바로 그 때였습니다. 스님이 손을 번쩍 들더니 그대로 눈 밑에 나 있는 검은 점을 탁! 치는 것이었습니다. 사람들이 당황한 표정으로 스님을 바라봤습니다.

　"점을 쳤습니다!"

　사람들은 모두 깜짝 놀랐고 점을 맞은 사람은 어안이 벙벙한 표정으로 한참을 말이 없었습니다.

　그날 이후 더 이상 스님을 마을에서 본 사람이 아무도 없었다고 합니다.

* * *

　점을 잘 친다는 말에 잔뜩 기대를 했는데, 그 점이 아니고 얼굴

스님은 사주, 관상, 점보다 더 큰 것을 줄 수 있는데도 사람들은 엉뚱한 것만
달라 합니다.

의 점을 치고 만 이야기입니다.

　산에서 내려온 스님에게 사주, 관상을 물어본 사람들이 잘못된
것이겠지요. 오죽하면 스님이 사람들에게 그런 어이없는 행동을
했을까요?

　스님은 사주, 관상, 점보다 더 큰 것을 줄 수 있는데도 사람들
은 엉뚱한 것만 달라 합니다.

　줄 수 있는 것이 많은데도
　줄 수 없는 것을 달라고 합니다.

　베풀 수 있는 것이 많은데도
　베풀 수 없는 것을 달라고 합니다.

　빵으로만 사는 것이 아니요,
　영혼의 평안을 찾아야 합니다.

　좋은 옷, 화려한 음식은
　우리를 영원으로 인도하지 못합니다.

　한 생이 짧은데
　영원을 살 것처럼 욕심을 부립니다.

줄 수 있는 것이 많은데도
줄 수 없는 것을 달라고 합니다.

베풀 수 있는 것이 많은데도
베풀 수 없는 것을 달라고 합니다.

대나무
숲에서

어느 날 먼 곳에서 제자가 스승을 찾아왔습니다. 못 본 사이 상심이 가득한 얼굴이 되어 몸도 많이 수척해져 있었습니다.

제자는 스승에게 공손히 인사를 올리곤 낮은 목소리로 자신의 고민을 털어 놓았습니다.

"스승님, 살기가 너무나 힘이 듭니다. 제가 있는 곳에선 얼마나 해야 할 일이 많은지 새벽 별을 보고 출근하고 한밤중이 돼서야 일을 끝냅니다. 잠시도 쉴 틈이 없고 여유가 없으니 가슴이 답답하고 숨이 막혀 금방이라도 터져버릴 것 같습니다."

제자는 씩씩거리며 그동안 숨겨왔던 가슴 속의 울분을 토해냈습니다.

"……."

스승은 말없이 고개만 끄덕였습니다.

"제 주변에선 저에게 일을 시키는 사람만 있지 제가 얼마나 바쁘고 힘든지에 대해선 아무도 관심 가져주는 사람이 없습니다. 일도 일이지만 사람들의 무관심 속에서 혼자 모든 일을 해결해야한다는 사실이 저를 더욱 힘들게 합니다."

말없이 고개를 끄덕이던 스승이 갑자기 자리에서 일어섰습니다.

"자네, 나를 따라오게."

스승이 간 곳은 근처의 대나무 숲이었습니다. 어디선가 시원한 바람이 불어왔습니다. 바람이 대 숲을 가르고 휘저을 때마다 대나무 이파리들의 사각거리는 소리와 흩어진 이파리들이 스승과 제자 사이로 우수수 떨어져 내렸습니다.

"대나무를 보게."

스승이 말했습니다.

제자는 어리둥절한 표정으로 주변을 돌아보았습니다.

"보이는가?"

"……."

잠시 침묵이 흘렀습니다.

"무엇이 보인단 말씀입니까?"

"마디 없는 대나무를 찾아보게."

"스승님, 그것은 불가능합니다. 마디가 없으면 어찌 대나무들이 저리 곧게 뻗어 올라 갈 수 있겠습니까?"

"그렇지, 마디가 없으면 저리 곧게 뻗어 올라갈 수가 없겠지?"

그 순간 제자의 가슴 속에 한 줄기 시원한 바람이 몰아쳤습니

"자네의 고통이 힘들수록 더 큰 성장이 기다리고 있음을 깨닫는다면 그 고통이 그리 힘들지 않을 것이네."

다. 무엇인가를 알아차린 듯한 감격의 표정을 지었습니다.

"굵고 높게 뻗어 올라가는 대나무일수록 더 두꺼운 마디가 생기는 것이네, 일종의 성장통인 것이지, 마디가 없으면 더 높게 뻗어 올라갈 수 없는 것이니……."

"스승님……."

"자네의 고통이 힘들수록 더 큰 성장이 기다리고 있음을 깨닫는다면 그 고통이 그리 힘들지 않을 것이네."

"스승님, 감사합니다. 어리석은 저를 일깨워 주셨습니다."

"자네가 언제 어리석었나. 힘이 들 땐 다 그런 거지. 허허허……."

스승은 제자를 가만히 안아주고선 어깨를 토닥여 주었습니다. 한줄기 바람이 대숲을 지나갔습니다. 사각거리는 댓잎 소리가 멀리까지 울려 퍼졌습니다.

* * *

살다 보면 누구나 이처럼 힘들고 어려운 순간들이 있지요. 스트레스와 사람들의 무관심 속에서 자신이 지금 무슨 일을 하는 건지, 왜 이런 일을 해야 하는지도 모르는 채 그저 하루하루 반복되는 기계와 같은 삶을 살게 되는 것이지요. 그럴 때마다 자신과 세상을 원망하고 어디론가 달아나고 싶은 심정이 하루에도 몇 번씩 들 때가 있을 것입니다.

하지만 자신만 그런 것이 아니라 우리 주변에 있는 많은 분들이 같은 고민 속에 있으면서도 묵묵히 자신의 길을 걸어가고 있습니다. 그리곤 마침내 모든 역경을 잘 참아내고 이겨냈기에 자신의 분야에서 최고의 전문가가 되고 성공한 사람이 된 것이지요.

　성장통을 포기하면 그 순간 모든 가능성도 멈춘답니다.

나무는 말 없이 큰다.
나무는 소리 없이 큰다.
하지만
어느 하루
눈물 없이 큰 나무는 없다.

누가 보지 않아도
누가 찾아주지 않아도
나무는 묵묵히 큰다.

한여름 뙤약볕과
한 겨울 모진 추위 속에서도
나무는 큰다.

한없이 목마른 날
비바람이 몰아치는 날에도
나무는 큰다.

밤이건 낮이건
나무는 큰다.

기쁜 날에도
슬픈 날에도
나무는 큰다.

나무는 큰다.

나무는 말 없이 큰다.
나무는 소리 없이 큰다.
하지만
어느 하루
눈물 없이 큰 나무는 없다.

영원이 되는
방법

어느 날 제자가 스승에게 멀리서 찾아와 하소연을 하였습니다.

"스승님, 저는 아무리 수행을 오래 하였어도 조금도 깨달은 것이 없습니다. 도대체 깨달음이란 것이 있긴 한 겁니까?"

"그래 얼마 동안 수행하였는가?"

"30년은 된 것 같습니다."

"……."

스승은 안타까운 눈빛으로 제자를 바라보았습니다.

며칠이 지난 뒤였습니다.

제자는 우연히 부엌 안에서 스승이 가마솥에 불을 붙이고 있는 모습을 볼 수 있었습니다.

다른 사람을 시켜도 될 일을 스승이 직접 물을 끓이려는 듯 장작이 수북이 쌓여 있었고 스승은 무척이나 진지한 모습이었습니다.

하지만 한낮이 되었는데도 아침부터 앉아 있었던 스승은 도무지 일어설 기미가 보이질 않았습니다. 도대체 얼마나 많은 물을 담고 있기에 가마솥의 물이 끓지 않는 걸까? 제자는 의아했습니다.

다시 오후가 되었습니다. 여전히 스승은 가마솥 앞에서 계속 불을 지피고 있었습니다. 하지만 물은 조금도 끓을 기색이 보이지 않았습니다.

제자는 하도 궁금하여 조심스럽게 스승 곁으로 다가갔습니다. 그러자 정말 까무러칠 일이 발생하고 있었습니다. 놀랍게도 아궁이 속에는 장작더미들이 불타고 있던 것이 아니라 달랑 한 개의 장작개비만 불타고 있는 것이었습니다. 제자는 어처구니가 없었습니다. 아침부터 하루 종일 계속 이러고 있었다니……. 제자는 어이없는 목소리로 외쳤습니다.

"스승님, 어찌 마른 장작개비 하나로 이 큰 가마솥을 데우려 하십니까?"

"무슨 소리냐? 이렇게 한 30년 집어넣다 보면 반드시 언젠가 끓게 될 것이다."

"스승님, 천 년이 지나도 장작개비 하나로는 물을 끓일 수 없습니다."

"그런가?"

그 순간 제자는 눈이 번쩍 뜨였습니다. 지금까지 기울인 자신의 노력이 지금 불
타고 있는 나무 장작같이 보이는 것이었습니다. 지난날, 게을렀던 자신의 모습
이 필름처럼 스쳐 지나갔습니다.

그 순간 제자는 눈이 번쩍 뜨였습니다. 지금까지 기울인 자신의 노력이 지금 불타고 있는 나무 장작같이 보이는 것이었습니다. 지난날, 게을렀던 자신의 모습이 필름처럼 스쳐 지나갔습니다.

"스승님!"

스승은 감동에 젖어 있는 제자를 돌아보며 남아 있던 장작개비들을 모조리 아궁이 속으로 집어 넣었습니다. 얼마 되지 않아 가마솥은 사방에서 김이 솟아올랐고 마침내 물이 끓기 시작했습니다.

"적당히 세상과 타협하지 말고 네 온몸을 다해 뛰어들어라. 세월이 너를 속인 것이 아니라 네가 세월을 속였느니라."

제자는 무릎을 꿇고서 자신을 제대로 경책한 스승에게 감사의 절을 올렸습니다. 제자의 가슴 속에서도 수많은 장작들이 불타오르기 시작했습니다.

* * *

장작개비 하나로 어찌 가마솥의 물을 끓일 수 있겠습니까? 천년이 지나도 불가능하지요. 노력을 한다고 하지만, 그것이 진정한 노력이 아니었기에 결과가 최선의 성과를 거둘 수 없는 것이었습니다. 시간의 양보다도 시간의 질을 높여야겠지요.

우린 지금 끓는 가마솥입니까? 아니면 미지근한 가마솥입니
까?

세월은 항상
우리에게
반가운 인사를 합니다.

잘 있었느냐고,

그리곤
우리에게
똑같은 기회를 줍니다.

세월이
사람을 좋아하지 않고

세월이
사람을 싫어하지 않기에

누구에게나 시간은 평등합니다.

세월은 잠시 머물다

영원히 사라지는 것,

이 순간을 불태운 사람은
영원이 되지만

이 순간을 놓친 사람은
영원히 후회할 것입니다.

세월은 항상
우리에게
아쉬운 인사를 합니다.

영원을 꿈꾸라며…….

갈대가
흔들리는 밤

어느 날 스승과 제자가 함께 갈대밭에 서있었습니다.

"스승님, 요즘 제 마음이 너무 산란합니다. 무슨 일에도 집중이 안 되고 자꾸 생각이 왔다 갔다 합니다. 어떻게 해야 요동치는 생각을 붙잡을 수 있겠습니까?"

제자는 너무나 힘든 얼굴을 하고선 스승에게 간청했습니다. 스승이 제자를 돌아보며 말했습니다.

"왔다 갔다 하는 생각을 아는 놈은 왔다 갔다 하지 않는가 보지?"

"네?"

그 때였습니다. 한 줄기 바람이 갈대밭을 무수히 스치고 지나갔습니다.

"갈대가 흔들리느냐. 네 마음이 흔들리느냐?"

변덕을 따라 쫓아가다 보면 결국은 남의 돈을 세는 사람처럼 남는 것이 하나도 없게 되지요. 허무한 것입니다. 하지만 자신의 생각을 쫓아가는 것이 아니라 그 생각의 근원을 깨닫고 머물 수 있다면 오랜 방황을 멈추게 될 것입니다.

"갈대도 흔들리고 제 마음도 흔들립니다."
"흔들리는 줄 아는 그 마음도 흔들리느냐?"
"아!……."
"그것이다. 그것뿐이다."
"스승님……."

* * *

그렇지요. 누구나 자신의 생각이 끊임없이 일어나고 사라지는 것을 아실 겁니다. 사랑했던 사람이 어느 날 몹시 미워지기도 하고, 또 한참 미워했던 사람이 어느 날은 괜찮은 사람으로 보여지기도 하고, 좋고 싫음의 끊임없는 변덕이 일어납니다.

하지만, 변덕을 따라 쫓아가다 보면 결국은 남의 돈을 세는 사람처럼 남는 것이 하나도 없게 되지요. 허무한 것입니다. 하지만 자신의 생각을 쫓아가는 것이 아니라 그 생각의 근원을 깨닫고 머물 수 있다면 오랜 방황을 멈추게 될 것입니다.

흔들어도 흔들리지 않는 경지에서 우리 함께 웃지요.

달빛 아래
갈대를 흔드는 건
바람이 아니라

세월

바람이 불지 않아도
갈대는 흔들리네.

모든 것을 흔드는 세월,
모든 것을 잠재우는 세월…….

흔들려도 흔들리지 않으니
그것은 마음,

둥근 달이 떠도
강물이 흘러가도
고요한 마음,

달빛 아래
갈대를 흔드는 건
바람이 아니라
세월

세월을 흔드는 건
마음 없는 마음…….

당신이 원하는 것들, —— 작고 사소한 —— 일상의 기쁨들을 함께 못 해 준 것

이 —— 너무 후회되네.

진작에 내가 당신의 소중함을 알았더라면, —— 좀 더 일찍이 가족의 귀중함을

깨달았더라면 —— 내 인생은 이렇게 마감되지 않았을 것을……

제6장

가장 마지막에 깨달은 사랑

미워할 수 없는
사람

　며칠 전 동생 내외가 아버님을 모시고 어린 조카들과 함께 찾
아왔습니다. 반가운 인사를 나누고 근황을 묻다가 제수씨 얼굴이
그리 밝지 않은 것을 알 수 있었습니다.
　"무슨 일 있었어요?"
　"어릴 때부터 함께 자라고 가장 친한 사촌오빠였는데……. 그
만 어제 새벽에 교통사고로 돌아가셨어요."
　"저런, 어쩌다가……."
　제수씨가 말해 준 사건의 정황은 안타까움 그 자체였습니다.
　사촌오빠 부부는 서로를 열렬히 사랑하여 결혼하였습니다. 여
느 부부처럼 딸아이를 하나 낳으면서 더욱 행복한 나날을 보내게
되었고 꿈같은 시간이 흘렀습니다. 하지만 어느 때부터인가 부부
사이에 다툼이 일어나기 시작했고 최근에 이르러 더욱 잦은 부부

싸움이 있었습니다.

그날도 아침부터 심한 싸움이 일어났고 남편은 아침밥도 거른 채 회사로 출근을 하였습니다. 남편은 예전 같지 않은 부인이 야속했고 부인은 자신을 몰라주는 남편이 서운했습니다.

퇴근시간이 지나 밤이 되어도 남편은 돌아오지 않았습니다. 남편은 1차에서 회식을 끝낼 수 있었음에도 계속 2차, 3차로 이어진 회식에 참석하였습니다. 그날따라 알 수 없는 불안에 시달리던 부인은 딸을 시켜 전화를 걸게 했습니다. 남편은 전화를 받자마자 끊어버렸고 계속 묵묵부답이었습니다.

'제발…….' 하면서 전화를 걸다 보니 어느새 30통이나 전화를 했습니다. 딸아이가 전화한 줄도 모르고 집 전화로 전화를 하니 부인의 전화로 생각한 것이었습니다.

밤이 늦은 시간, 드디어 회식이 끝나갔습니다. 술이 취한 상태였기에 남편은 대리운전기사를 불렀습니다. 하지만 생각보다 회식이 지연되었고 회식 장소에 도착한 대리운전기사는 일찍 불러 자신을 기다리게 했다며 짜증을 내기 시작했습니다. 화가 난 남편은 만원짜리를 집어 주며 대리기사를 그냥 돌려보냈고 자신이 직접 운전을 하여 집으로 오는 중이었습니다.

그런데……. 바로 집 앞에 다다랐을 무렵이었습니다. 집 앞 사거리에서 달려오는 트럭과 정면충돌을 한 남편은 그 자리에서 숨졌고 다시는 돌아올 수 없게 된 것이었습니다.

"너무 어이가 없어요. 어떻게……. 참 착하고 좋은 오빠였는

그래도 고마운 당신 _____ 짧게나마 _____ 내 사랑을 지켜준 당신.

당신 때문에 _____ 나 많이 행복했어요.

그걸 말하지 못한 것이 _____ 정말 후회 되네요.

다음 생에 _____ 다 갚을게요.

데……."

"안타깝네요."

"언니 나이가 이제 삼십대이고 아이도 초등학생인데 이제 어떻게 해요. 언니는 부부싸움을 하고 나서 벌어진 일이라 더욱 가슴이 아프고 진정이 되질 않는다는 거예요. 바로 집 앞까지 다와 가지고선 근처에 큰 병원도 있었는데……. 30통의 전화 중 단 한 통화만 받았어도……."

"그러게요. 운명이라고 하기엔 너무 안타깝네요. 사소한 싸움이 더 큰 불행을 불러온 것이지요."

언니가 오열을 하며 그러더군요.

"아침밥을 제대로 챙겨 주지 못해서, 마지막 식사를 못 챙겨 주어 정말 미안하다고, 그렇게 떠날 줄 몰랐다고……."

"사는 게 그런 겁니다. 떠나는 날을 알려주고 가는 사람이 어디 있겠어요?"

"사촌오빠가 유독 저를 아껴주어서 항상 고마웠는데, 언젠간 갚으려 했는데……. 너무 큰 충격이에요. 정말 하루하루를 잘 살아야지 언제 어떻게 될지 모르잖아요?"

"그래요. 지금 이 순간 함께 있는 사람들과 더불어 행복해야 해요. 나중에, 나중에 하다가 영영 다시 못 보는 사람들이 많으니까요."

"네……."

창백한 표정으로 먼저 떠난 사촌 오빠를 그리워하는 제수씨에게 더 이상 어떤 말도 해 줄 수가 없었습니다. 그저 살아 있는 것이 기적일 뿐이었지요.

* * *

우리가 산다 하지만 정말 잘 살아야 합니다.

그냥 하루하루를 바쁘게만 보내는 것이 아니라 오늘 살아 있음을 감사하고, 곁에 소중한 사람이 있다는 것을 또한 감사하고 사소한 일상이 너무나 놀라운 기적임을 깨달아야 합니다.

아무리 소중한 사람이라도 언젠간 모두 떠나야 하는 사람들임을 생각한다면 지금 그 사람에게 어찌 화를 내고 짜증을 낼 수 있을까요?

그렇게 가실 줄
몰랐어요.

당신만은
그렇게 떠날 줄
몰랐어요.

왜 그랬을까요?
어쩌다 이렇게 된 거예요?
우리가,
우리가…….

조금만 참을 걸 그랬지요.
한 번 더 생각하고
말할 걸 그랬지요.

내가 그렇게 미웠나요?
내가 그렇게 싫었나요?
그렇게 서둘러 가야 할 이유가 있었나요?

부부라면
그럴 수 있잖아요.

같이 살다 보면
싸울 수 있잖아요.

내가 잘못했다고,
내가 어리석었다고
말하기도 전에
그렇게 가버리면

속이 편한가요?

제발
말 좀 해 봐요.

아침밥도 못 들고
지금 어디에서
배고파하는 건 아니지요?

저승에선
누가
당신에게 해장국을 끓여 주던가요?

내가 미워 갔다 해도
우리 아이 보고 싶어서
당신 어떻게 보내나요?

평생 이 무거운 짐을
어찌 지고 살라고
그리 쉽게 떠났나요?

야속하다고 따지고 싶지만
그리하지 않을래요.

그래도 고마운 당신,
짧게나마
내 사랑을 지켜준 당신.

당신 때문에
나 많이 행복했어요.

그걸 말하지 못한 것이
정말 후회 되네요.

다음 생에
다 갚을게요.

이젠
나 미워하지 말고

나도 당신 미워하지 않으니까,
미워할 수 없는 사람이니까……

잘 있어요.

사랑해요.
정말 사랑해요.

나에겐 당신만이
천국이었네 ✍️

아는 분으로부터 어제 급한 연락이 왔습니다. 절친한 친구 남편이 갑자기 죽었다는 소식을 들었다는 것이었습니다.

평상시 사람 좋기로 소문난 사람이었는데 어느 날 몸이 무겁고 왠지 불편하여 병원을 찾으니 이미 폐암 4기라는 판정을 받았습니다. 환자와 가족들은 너무 놀라 처음엔 당황하여 어쩔 줄을 모르다가 마지막엔 체념을 하고 순순히 받아들일 수밖에 없었습니다.

병원에선 당장 수술을 하자는데 그리 쉽게 결정지을 수가 없었습니다. 어차피 폐암 말기에 다다른 상황에서의 수술이 치료보다 생명 연장의 기능밖에 되지 못할 것이라는 판단 때문이었습니다. 일부 반대하는 가족도 있었지만 가족의 합의하에 남은 시간 동안 더욱 의미 있고 보람 있는 시간을 보내자는 결론을 내렸습니다.

이후 환자와 가족들은 잠시도 떨어지지 않은 채 평상시 하고 싶었던 등산, 여행, 자주 가지 못했던 고향 방문, 반가운 지인들과의 해후 등등 최선을 다하여 마지막 남은 시간들을 보냈습니다.

 환자는 친구들과도 자주 만나 농담을 하면서 그동안 못했던 운동도 함께 했습니다. 본인이 먼저 말을 꺼내지 않으면 죽어가는 사람의 모습으로 보이지 않을 정도로 여느 때보다 활력이 넘쳤습니다.

 그러던 어느 날, 환자가 부인에게 말했습니다.

 "여보, 내가 죽어간다고 하니까 한 가지 좋은 게 있어."

 무슨 말인가 싶어 부인이 남편을 쳐다봤습니다.

 "내가 무슨 말을 해도 아무도 내게 화를 내지 않아. 내가 잔소리를 하거나 엉뚱한 소릴 해도 모두가 다 받아주는 것 있지? 마치 모든 것을 용서받은 사람처럼……."

 그리곤 부인 앞에서 처음으로 울먹이기 시작했습니다.

 "나는 이렇게 살아 있는데, 이미 죽은 사람 취급하고 있잖아……. 그렇지? 나 아직 살아 있는 거지? 여보!"

 그날도 친구를 불러다가 저녁을 먹고 술도 가볍게 한잔 하며 늦게까지 시간가는 줄 모르고 이야기를 나누던 기분 좋은 밤이었습니다.

 술에 만취한 친구를 먼저 재우고 환자가 아내에게 말했습니다.

 "친구들은 아무리 취했어도 다음날 깨어나는데 나는 아무리 마셔도 취하지를 않아, 이대로 잠들면 다시 깨어날 것 같지 않아서……. 여보, 그동안 나 때문에 고생 많았어. 해 줄 수 있는 것이 이젠 아무것도 없네. 너무 늦었어……. 철들면 죽는다더니, 나는 거꾸로야. 죽으려니까 이제 좀 철이 들려 하네. 여보…….”

“술에 안 취한다면서 많이 취했어요.”

“아니야, 하나도 안 취했어. 여보, 그동안 내가 당신한테 잘못한 것 다 용서해 줄 수 있지? 응?”

“당신이 뭘 잘못 했는데요?”

“많잖아. 아주 많잖아. 당신 나하고 못 산다고 한 게 언제부터인데…….”

“용서할 것도 없어요, 그러고 보니 나도 당신한테 그리 잘한 일이 없네요.”

“아니야. 당신은 나한테 정말 잘했어. 내가 너무 늦게 깨달은 것일 뿐, 가난한 집에 와서 남편 뒷바라지 하느라 자식들 잘 키우느라 정말 고생 많았지. 당신은 나한테 과분한 사람이야. 당신은 나한테 항상 최고였어…….”

“이이가 정말 취했나 보네, 한 번도 안 하던 소릴 하고…….”

“당신 정말 미안해요. 그동안 나 때문에 고생 많았어요, 당신이 나한테 정말로 소중한 사람이란 걸 조금만 더 빨리 알았더라면 얼마나 좋았을까? 당신한테 잘못한 게 많아서 벌 받은 것 같아.”

“이이가 점점 못하는 소리가 없네…….”

"여보, 사랑해요. 이번 생에 못한 것 다음 생에선 내가 다 갚으리다. 다시 당신을 만날 수만 있다면 정말 최고의 남편이 될 테니……."

"당신은 지금도 나한테 최선을 다하고 있어요. 그러니 아무 걱정 마세요. 피곤할 테니 얼른 주무세요. 너무 늦었네요."

"아니야. 나보다 당신이 피곤할 테니 먼저 자구려. 내가 자장가 불러 줄 테니……."

"오늘 왜 그래요? 안 하던 말도 다하고……."

남편은 아내를 누이고 팔베개를 해주면서 천천히 노래를 불렀습니다. 무슨 노래였는지 모르지만 그 목소리는 최고의 정성과 사랑이 깃든 목소리였습니다. 어떻게 잠들었는지 까무룩 아내는 깊은 잠 속으로 빠져들었습니다.

어느 정도 시간이 흘렀을까, 새벽에 눈을 뜨자마자 그날따라 아내는 이상한 느낌에 휩싸이기 시작했습니다. 얼른 남편의 인기척을 살펴보았습니다. 숨소리가 느껴지지 않았습니다. 부인의 다급한 목소리에 친구들이 놀라 모두 잠에서 깨어났습니다. 신속하게 119에 신고를 하고선 남편을 실은 앰뷸런스를 타고 병원 응급실로 향했습니다.

심폐소생술을 시도했지만 한 번 정지한 남편의 심장은 더 이상 움직이질 않았습니다. 의사가 고개를 저었습니다. 그것이 남편과의 마지막 대화였고 남편이 불러준 처음이자 마지막 노래였던 것입니다.

"그냥……. 가셔서……. 친구 분을 안아주세요. 떨고 있는 가슴을 안아주
세요."

"법사님, 친구한테 뭐라고 위로하면 될까요? 무슨 말로 친구를 달래줄까요?"

"그냥……. 가셔서……. 친구 분을 안아주세요. 떨고 있는 가슴을 안아주세요."

"그렇게만 하면 되겠어요? 무슨 말 하지 않고……."

"가슴을 안고 있으면 그때 떠오르는 말이 있을 거예요. 그 말을 해 주세요. 무슨 생각하지 말고 그냥 그분의 슬픔을 함께 느껴주세요."

"네……. 그럴게요."

전화를 끊고선 오랫동안 허탈한 마음이 되었습니다. 안타까운 남편의 영혼이 부디 저 하늘에서 평화롭기를, 안락하기를 기도했습니다.

* * *

아내에게 먼저 잠들라며 자장가를 가만히 불러주고 있을 남편의 얼굴을 생각해 봅니다. 술을 먹어도 취하지 않을 정도로 극심한 죽음의 공포 속에서도, 자신의 노래에 취해 잠들어 있는 아내를 바라보고 있을 그 따뜻한 남편의 눈동자가 떠오릅니다. 그때 남편은 두 눈 가득히 무슨 생각이 떠올랐을까요? 마지막 숨을 몰아 쉴 때 그는 행복했겠지요?

당신 참 곱네
살짝 코를 골며
잠든
당신을 보니
이렇게 예쁜 당신인 줄
몰랐네.

얼굴에 있는 주름살과
검은 점까지
내겐 모두 눈부시네.

나를 만나지 않았더라면
더 예쁘고
더 고운 삶을 살았을 텐데

참 미안하네.
미안하다고 말하고 나면
더 미안해지는 심정
당신이 알지 모르겠네.

이렇게 고생시킬 줄 알았더라면
처음부터 당신을 만나지 않았고

언젠가
당신이 헤어지자고 했을 때
진작에 그러할 것을…….

착한 당신을 오래도록 잡아두어서
내가 벌 받는 것 같네.

참으로 소중한 사람
나의 영혼

옥같이 고운 당신을
데려다가
흙같이 대했으니
참 면목 없네.

꽃처럼 눈부신 당신을
데려다가
가시처럼 만들었으니
난 참 형편없는 사람이네.

미안하네.
정말 미안하네.

내가 어디에 있든지
누구와 있든지

늘 당신이
집에 있다는 것을 생각하면
난 항상 든든했네.

무슨 일, 항상 바쁘다는 이유로
나는 당신 곁에 있질 않았고
수많은 밤들을
당신 혼자서 아이들과 함께
보낸 시간들을 생각하면
가슴이 무너지는 것같이 아파오네.

정말 미안하네.

당신이 원하는 것들,
작고 사소한
일상의 기쁨들을 함께 못 해 준 것이
너무 후회되네.

진작에 내가 당신의 소중함을 알았더라면,
좀 더 일찍이 가족의 귀중함을 깨달았더라면

내 인생은 이렇게 마감되지 않았을 것을…….

후회를 하면 할수록
몸부림치도록 아픈 고통이 밀려오네.

이제 시간이 얼마 없는 것 같으이.

이 세상에 태어나
내가 내린 수많은 결정과 선택 가운데
당신을 선택한 그 결정만은
진정 최고의 결정이었네.

항상 봄날 햇살 같은
당신 품속에서 오래도록 행복했네.

당신에겐 지옥이었을지 모르나
나에겐 당신만이 천국이었네.

항상 곁에 있어준 당신을 두고
혼자 이 먼 여행길을 시작하자니
불안하고 두렵기까지 하지만
그래도 당신 따듯한 미소를 기억하며
떠나야겠네.

고맙네.
지금 이 순간,
내 눈 가득히 떠오르는 건 오직 당신뿐이네.

불안하고 안타까운 이 세상에서
당신과 가족들의 행운을 기원하며…….

사랑하네.
진정 내 가슴 깊이 당신을 사랑하네.

어머님
가신 후

  며칠 전 가족사진을 정리하다 몇 장의 사진을 발견하게 되었습니다. 그 중 한 장의 사진 앞에서 눈을 떼지 못하고 한참을 바라보았습니다. 작년에 돌아가신 어머님 사진이었습니다.

  어머님은 평생 남편 뒷바라지, 자식들 키우느라 고생만 하시다 급기야는 느닷없이 치매를 앓게 되시어 모두를 애타게 하시더니 작년 유난히 햇살이 눈부신 날, 눈을 감으셨습니다.

  불효막심한 자식은 근무지를 따라 이 곳 저 곳을 떠돌아다니다 끝내 어머님의 임종을 함께하지 못하고 돌아가신 다음에야 부랴부랴 어머님 곁으로 달려갔지요. 아버님과 동생이 어머님 곁에 있었고 황망한 자식은 싸늘히 식어가는 어머님을 붙잡고 한참을 울었었지요.

  손발을 주무르고 아무리 얼굴을 부벼대도 한번 감으신 두 눈을 다시 뜨지 않으셨습니다.

그렇게 모진 인생을 마감하셨으니, 어쩌면 당신에게는 잘 된 일인지도 모를 일이었지요. 하지만 제대로 효도 한번 못했던 자식에겐 너무나 후회되고 가슴 치는 일이었습니다.

출가하고 집을 나와 법사로 살면서 어머니 곁을 제대로 모신 적이 없었습니다. 이 곳 저 곳 임지를 옮겨 다니면서 어쩌다 한 번씩 집을 방문한 것이 전부일 뿐, 항상 바쁘다는 핑계로 어머니를 마음 편하게 모신 적이 없었습니다.

어머니가 원한 것은 그리 대단하거나 커다란 호강이 아니라 그저 자식 얼굴 한 번 더 보는 그것뿐이었습니다. 하지만 자식은 그 마음을 헤아리지 못하고 눈앞의 일들에만 급급한 나머지 때론 어머니가 저를 하염없이 기다리고 있다는 사실마저 귀찮아질 때가 있었습니다. 그렇게 황망히 어머니께서 돌아가실 줄 전연 몰랐습니다.

얼마나 불효막심했으면 그동안 어머님 여행 한 번 제대로 보내드린 적이 없었고 좋은 옷 한 벌 사드린 적이 없었습니다. 언젠가 한 번 치매 초기의 어머님과 함께 백화점에 들른 적이 있었습니다. 제 손을 붙잡고 따라오시던 어머니가 갑자기 옷이 진열된 매장 앞에 서서, 마음에 드셨는지 옷 하나를 잡고 만지작만지작 하시는 것이었습니다. 슬쩍 가격표를 보니 그 당시로는 상당한 금액이었습니다. 그래서 못 본 척 그냥 어머니 손을 끌고나온 적이 있습니다.

어머니 돌아가신 후 그 장면이 자꾸 떠올라 얼마나 후회하고 목이 메었는지 모릅니다. 정신을 놓으신 상태에서도 그렇게 입고 싶었던 옷을 그냥 모른 척 돌아섰던 제 자신이 너무 싫었습니다. 지금이라면 빚을 내어서라도 몇 십 벌, 몇 백 벌을 어머님께 꼭 해 드리고 싶은 마음이지만 그 때는 제가 너무 어리석었습니다.

어머니 성은 박씨요, 본관은 밀양으로, 늘 양반댁 사람임을 강조하시고 평생을 반듯하고 꼿꼿하게 사셨습니다. 그 가난하고 힘든 살림살이를 헤쳐 나가시면서도 늘 밝고 환한 얼굴빛이셨고, 자식들을 위해서는 한없는 사랑을 베푸셨습니다. 시댁과 친정의 대소사를 주관하시며 집안의 여러 일들을 말끔하게 정리하실 정도로 명민하시고 많은 사랑과 덕을 베푸셨지요.

오십이 넘어서도 눈빛이 반짝반짝 빛날 정도로 소녀 같았고 세상의 때가 묻지 않은 분이셨습니다. 그 감성과 느낌이 얼마나 풍부하고 세련되었는지 그리 비싼 옷을 입지 않으셔도 어느 모임에서나 빛나셨고 반듯한 언행으로 주목받는 분이셨습니다.

한번은 제가 중요한 일을 앞에 두고선 제대로 결정을 못 한 채 갈팡질팡하고 있자 어머니께서 단번에 그러시는 것이었습니다.

"왜 길을 두고 산으로 가려 하느냐……."

그 말을 듣곤 너무나 깜짝 놀랐습니다.

당시 마을에서 제일 부자이고 손꼽히는 양반 댁임에도 여자에게는 교육의 기회를 주지 않아 초등학교 교육밖에 받지 못하신 어머께서 대학원을 졸업한 아들에게 주신 가르침이 너무나 분명하였던 것입니다.

당신은 아무리 힘들고 어려운 삶을 사셨어도 한 번도 내색 없이 자식만을 위한 희생의 삶을 사셨기에 갑작스런 어머니의 죽음은 너무나 안타깝고 커다란 후회만을 만들었습니다.

장례를 치르면서도, 장지를 향하는 무성한 수풀을 헤치고 어머니 시신을 모셔 갈 때도, 아버지께서 몇 년 전에 미리 준비한 가묘를 파내어 어머니 시신을 묻던 순간에도 모든 것이 믿기지 않았습니다. 아니 믿을 수가 없었습니다. 나의 모든 것, 나의 뿌리, 나의 온 생명이신 어머니를 차가운 땅바닥에 묻어버리고 돌아올 때까지 제 정신일 수가 없었습니다.

어머니께 받은 사랑이 하늘과 같고 바다와 같은데 제가 드린 것은 한 줌의 모래알처럼 너무나 가볍고 초라한 것이었습니다.

그날도 슬픔에 겨워 한참을 멍한 상태로 있는데 갑자기 제 안에서 어떤 울림이 있었습니다.

"어머니는 돌아가시지 않았다. 네 육신과 네 생명이 어머니의 살이요, 어머니의 호흡이다. 그러니 그 몸 보전 잘하는 것이 진정한 효도요, 그 몸으로 부끄럽지 않게 살면서 세상을 위한다면 어머니가 살아 있는 것과 다르지 않겠는가?"

그 순간 정신이 번쩍 뜨이고 갑자기 눈앞이 환해졌습니다.

'아, 그렇구나. 어머니는 돌아가시지 않았구나. 이 살과 숨이 바로 어머니의 살에서 나왔고 어머니의 호흡이었으니 이대로가 바로 하나이구나. 보지 못하고 말할 수 없다 하여 이별을 한 것이

오십이 넘어서도 눈빛이 반짝반짝 빛날 정도로 소녀 같았고 세상의 때가 묻지 않은 분이셨습니다. 그 감성과 느낌이 얼마나 풍부하고 세련되었는지 그리 비싼 옷을 입지 않으셔도 어느 모임에서나 빛나셨고 반듯한 언행으로 주목받는 분이 셨습니다.

아니라, 이 육신 그대로 어머니의 살이니 이 몸 보전 잘하고 부끄럽지 않게 살고 세상을 위한 일을 한다면 그것이 진정한 효도구나.'

연신 고개를 끄덕이구선 그 순간, 너무나 큰 기쁨이 샘솟았습니다.

그 후로 이 몸을 더욱 소중히 여겼고 나 혼자 살아가는 것이 아니라, 세상 만물과 더불어 어머니와 늘 같이 호흡한다는 것을 알 수 있었습니다.

어쩌면 살아 계실 때 못한 효도를 돌아가신 다음에 할 수 있도록, 진정한 깨우침을 어머니께서 주신 것 같아 깊은 감사를 드렸습니다.

그날 한 장의 사진 앞에서 한참을 머뭇거렸던 것은, 당신이 묻힐 가묘 앞에 앉아 있는 어머니의 얼굴이 사진 속에 찍혀 있었기 때문이었습니다.

몇 년 전 아버지, 어머니를 모시고 고향의 가묘를 둘러보러 갔던 적이 있었지요. 그 때 무심히 찍어 놓은 사진이었습니다.

어머니가 살아 계실 땐 몰랐는데, 왜 사진 한 장이 이토록 가슴 아프게 하는지⋯⋯. 돌아가실 무덤 앞에 처연히 앉아 있는 당신 모습이 너무나 쓸쓸하고 외롭게 보였습니다.

* * *

가만히 어머니 이름을 불러봅니다.

다시 한 번 불러봅니다.

금방이라도 어디선가 그 음성이 울리는 듯합니다.

"사랑하는 내 아들, 착한 내 아들……."

어머님은 가셨지만 가시지 않았습니다.

제 가슴 속에서 또다시 태어나 저와 함께 착한 일 많이 하고 또다시 밝은 곳에서 만날 테니까요.

어머니 가신 후
어느새 두 번째
추석입니다.

동생네가
집에서
어머니 제사를
모신다더군요

큰집 젯상 귀퉁이에
모셔진 어머니 제사상이

보기 싫다며,
이번부터 그러기로 하였습니다.

어머니,

참 착한
며느리, 아들이지요?

큰 아들보다
몇 배, 몇 십 배 낫습니다.

어머니 손주
동율, 동후도
무럭무럭 자라서
어딜 가나
귀여움을 독차지합니다.

녀석들을
가만히 보고 있으면
어릴 적 동생과
제 모습이 보입니다.

아들 형제 낳으시고

그리
기뻐하셨던 어머니,

이리 고생하시며
키우신 줄
꿈에도 몰랐습니다.

어머니,
어디서 무얼 하고 계신지요?

평생을 자식 걱정,
자식 자랑으로 사시던
어머니,

당신은 굶으면서도
자식 배를 불리시고

당신은 밤을 새워도
자식 잠을 지켜주신 분,

당신 생명을 온전히 비워
아들로 가득 채운
어머니…….

살아서도 아들
돌아가셨어도 아들뿐인 걸
잘 압니다.

어머니,

이번 추석은
동생네서 뵙겠습니다.

살아서 자주 뵙지 못하다
돌아가신 다음 뵙는 마음
너무 송구스럽습니다.

어머니
보고 싶습니다.

착한 동생과
착한 며느리,
착한 손주들과 함께
맛난 음식 차려 놓겠습니다.

어머니,
당신은 가셨어도

가시지 않았습니다.

언제나 제 가슴 속에
다시 태어나
꽃처럼 활짝 웃고 계십니다.

어머니,
사랑합니다.

어머니…….

내 아들이
너를 사랑하니까 🖋

극진히 아들을 아끼고 사랑하는 어머니가 있었습니다. 일찍이 남편을 여의고 혼자 된 그 어머니는 오직 자식 하나만을 바라보며 일생을 살았습니다. 정성들여 키운 자식은 한 번도 어머니 뜻을 거스르지 않았고 공부도 1등, 운동도 1등, 모든 분야에서 두각을 나타내며 주변 사람들의 칭찬과 기대를 한 몸에 받았습니다.

아들은 어머니가 바라던 명문대학에 입학하여 또 한번 어머니에게 기쁨을 안겨주었고 공부에 열중하여 매번 장학금을 탔습니다.

그런 아들이 어느 때부터인가 공부를 한다는 핑계로 자주 늦는 날이 많아졌고, 아들의 얼굴이 왠지 전에 없이 들뜬 표정이란 걸 어머닌 알 수 있었습니다.

그러던 어느 날, 수줍은 얼굴로 아들이 사랑하는 사람이라며 애인을 소개시켰습니다.

어머닌 찬찬히 여인을 바라봤습니다. 어딘가 당차고 자기 주장이 강해 보였습니다. 내성적이고 착하기만 한 아들에게 너무 강한 여인의 상이라 왠지 조심스러웠습니다. 말을 붙여보니 그런 추측을 더욱 확신할 수 있었습니다. 내색을 하지 않았지만 보면 볼수록 이상하게 마음 한 구석이 불편했습니다.

며칠 후 어머니가 조용히 아들에게 말했습니다.

"애야, 처음이자 마지막 부탁이다. 제발 그 애하고 결혼하지 않을 수는 없겠니?"

아들은 어머니의 갑작스런 말에 충격을 받고선 한참을 말이 없었습니다. 그리곤 결심한 듯,

"어머니, 죄송합니다. 저 여자가 없으면 난 아무것도 못할 것 같아요."

결국 어머닌 결혼을 승낙했고 두 사람은 많은 사람들의 축복 속에서 결혼을 하였습니다.

시집을 와서 곧 아이를 낳고선 그녀는 맏며느리로서 집안의 대소사에 참여하게 되었습니다. 그럴 때마다 자기주장이 강했던 며느리는 늘 어머니와 충돌하게 되었고, 아들은 중간에서 난처한 입장이 될 수밖에 없었습니다. 급기야 며느린 어머니와의 왕래를 완전히 끊게 되었고, 어머닌 홀로 남아 긴 세월을 보내게 되었습니다.

어느 해인가 늙은 어머닌 몸이 쇠약해져 몸져 누웠습니다. 약

을 먹어도 큰 차도가 없더니 마침내 마지막 숨을 몰아쉬게 되었습니다.

급하게 달려온 아들과 며느리, 손주들이 함께 임종을 지켰습니다.

어머닌 아들과 손주들을 잠시 밖으로 나가게 하였습니다. 시어머니와 며느리만 남게 되었습니다. 긴 침묵이 흐른 후 어머니가 말했습니다.

"얘야, 난 너를 사랑했다."

"어머니……."

"……."

며느리가 회한의 눈물을 흘렸습니다.

"제가 어머님께 너무 잘못한 것 잘 알아요. 처음부터 저를 며느리 감으로 인정하지 않으셨지만 애써 결혼을 승낙하시고 무슨 일이든 사사건건 어머니와 충돌을 할 때마다 어머닌 저를 무시하지 않고 항상 존중해 주셨어요. 너무 철없던 제가 그동안 어머니를 너무 힘들게 했어요."

"얘야, 괜찮다. 더욱 더 너를 사랑하지 못했던 것이 정말 미안하구나."

"어머니……. 한 가지 궁금한 것이 있어요. 어떻게 어머닌 마음에 들지 않은 저를 이해하고 용서하고 마침내 가슴으로 사랑을 해 주신 거죠? 네?"

어머닌 한참 동안 며느릴 바라봤습니다.

"내 아들이 사랑하는 사람이라면 기꺼이 나도 사랑해야 하는 것이라 생각했다. 내 아들이 너를 사랑하니까. 나도 너를 사랑한 거야……."

"어머니……."

"고맙구나. 다음 생에선 더 좋은 인연으로 만나자꾸나."

그리곤 마지막 숨을 몰아쉬기 시작했습니다. 아들이 급하게 뛰어 들어왔습니다.

"어머니! 어머니!"

"그래, 내 아들 사랑하는 내 아들. 고맙구나. 정말 고맙구나. 항상 부족한 어미 곁에서 고생했다. 너 하나로 이 어민 참 많이 행복했다. 사랑한다. 내 아들……."

그리곤 숨을 멈췄습니다. 아들이 어머니를 붙잡고 통곡하기 시작했습니다.

"어머니!"

"어머닌 보살이셨어요. 미움을 이겨낸 보살. 사랑하는 사람을 위해서라면 모든 것을 희생한 천사, 가슴으로 사랑을 실천한 천사……. 어머니 고마워요. 이제야 당신을 만나네요. 진심으로 고마워요."

며느린 두 무릎을 꿇고서 통곡을 하기 시작했습니다. 어머니의 영혼은 두 사람을 축복하고 행복한 미소를 지은 채 밝은 빛에 휩싸여 하늘로 올라가기 시작했습니다.

자신과 의견이 달라도 자신을 존중하지 않아도, 사랑하는 사람의 행복을 위하여 기꺼이 자신을 포기할 수 있는 사람, 그것은 어머니였기에 가능한 것이었지요.

* * *

진실한 사랑이 무엇인가를 보여준 이야기입니다.

"내 아들이 사랑하는 사람이라면 기꺼이 나도 사랑해야 하는 것이라 생각했다. 내 아들이 너를 사랑하니까. 나도 너를 사랑한 거야……."

자신과 의견이 달라도 자신을 존중하지 않아도, 사랑하는 사람의 행복을 위하여 기꺼이 자신을 포기할 수 있는 사람, 그것은 어머니였기에 가능한 것이었지요.

며칠 있으면 재작년에 돌아가신 어머님 제삿날입니다. 벌써 두 번째 맞이하는 제삿날이네요. 어머님 생각이 나서 글을 썼습니다. 우리 어머니도 분명 이렇게 아들을 사랑하고, 아들을 위해서라면 자신의 모든 것을 포기하셨던 분이셨지요. 가난하고 힘든 가정형편에서도 언제나 꿋꿋이 남편과 자식 뒷바라지에 모든 시간을 보내셨죠. 살아 계실 땐 몰랐는데, 돌아가시고 나니 더욱 생생이 떠오릅니다. 그 웃음소리, 따뜻한 눈빛, 정성들인 음식들……. 다신 어디서도 그 소중한 느낌들을 간직할 수 없겠죠. 고마우신 어머니…….

어머니,
내일은

260

어머니 돌아가신 후
두 번째 맞이하는
제삿날이네요.

살아선
제대로 맛난 음식
드리질 못했는데

돌아가신 후
올리는 음식들이
너무 죄송하네요.

철이 없어도 너무 없는
자식을
품안에 키우시며
참 고생 많으셨지요,

평생 고생하셨지만
한 번도 힘들다 한 적 없으시잖아요.

보고 싶은 어머니,
사진 속에선
항상 웃고 계시네요.

어머니가 잘 해 주시던
부침개가 오늘 따라 생각나네요.
이젠 다시 그 맛을 느낄 수 없겠죠.

자식 얼굴 바라보면
배부르다 하시며
항상 바보가 되셨지요.

해 드린 것은 없는데
늘 고맙다 하시고
늘 미안하다 하시고……

어머니
정말 죄송해요.

저 때문에
고생한 걸 생각하니
아무 할 말이 없어요.

그 곳에선
편안히 계시지요?

평생 자식 걱정

남편 걱정뿐이셨는데
혼자서 잘 계시지요?

꽃피고 새가 울면
모두 어머니 소식인 줄 알게요.

보고 싶은 어머니…….

잊혀지지
않습니다 ✒

　며칠 전 남편이 위암으로 세상을 떠난 부인을 만난 적이 있습니다. 얼굴이 오랜 마음고생으로 많이 수척해져 있었습니다.

　"남편이 참 고마웠어요. 마지막 순간까지 가족들을 배려하고 통증이 심해 괴로운 표정을 지으면서도 오히려 우리들을 웃기는 농담까지 했으니까요."

　"정말 훌륭한 분이셨네요."

　"처음 발병한 후 잠시의 충격이 있었지만 남편은 살기 위해 부지런히 노력했지요. 항암치료를 받으면서 좋아하던 술, 담배, 육식은 일체 끊고 생 야채식으로 식단을 바꾸곤 운동과 절제된 생활습관으로 최선을 다했지요."

　"대단하시군요."

　"그런 노력 때문이었는지 한 일 년이 지나서 뜻밖에 담당의사로부터 완쾌 진단을 받을 수 있었어요."

"와! 정말요?"

"네, 그랬어요. 담당의사도 깜짝 놀란 표정을 짓더라구요. 처음 의사에게 암 진단 선고를 받았을 때에는 금방이라도 죽을 것 같 았는데, 완쾌라는 진단을 받고 나니 믿을 수 없는 기쁨으로 하늘 에까지 뛰어오를 수 있겠더라고요. 그런데……."

부인의 얼굴이 갑자기 굳어졌습니다.

"그런데 그만……. 차라리 완쾌라는 진단을 받지 않았더라면 어쩌면 더 살 수도……."

"무슨 말씀이신지……."

"남편은 의사에게 완쾌 소식을 듣고는 갑자기 그 때부터 완전 히 다른 사람이 되어갔어요. 그동안 먹지 않았던 육식과 술, 담배 를 다시 시작한 것이었지요. 몇 년을 참고 있었으니 오죽 그러고 싶었겠어요? 그 심정이야 잘 알았지만 어쨌든……. 갑자기 무절 제한 생활습관과 식사가 연속되더니 급기야 다시 암이 재발하였 고 이번엔 속수무책으로 손쓸 틈도 없이 암세포가 온몸으로 번지 더군요. 모든 것이 거짓말 같았습니다. 남편은 완전히 모든 것을 자포자기한 얼굴로 그렇게 가더군요. 그 허망한 표정을 잊을 수 가 없네요."

"저런, 참 안타깝습니다."

"그런데, 암환자 동호회를 통해 알게 된 사람들로부터 놀라운 사실을 알게 되었지요. 알고 보니 저희 남편만 그런 것이 아니라 완쾌 후 재발, 그리고 죽음, 이 모든 것이 힘든 암 투병으로 기적적으로 살아난 사람들의 공통된 과정이었습니다. 전부는 아니겠지만 많은 환자들이 의사로부터 완쾌 진단을 받는 그 순간, 그동안 참아왔던 절제된 생활습관이 무너져 다시 암세포가 재발하곤 마침내 어이없이 돌아가신다더군요."

"아……. 그렇군요."

"네, 사지로부터 생환한 기쁨이 너무 커 그만 방심을 한 나머지 재발이 되곤, 그 충격으로 돌아가시게 된 거죠."

"참 안타까운 일이네요."

"저야 직접 목격한 일이니 그 말을 믿을 수밖에 없지요. 조금만 더 참고 관리를 잘했더라면 충분히 건강하게 살 수 있었을 텐데, 완쾌됐다는 한 순간의 방심 때문에 모든 노력이 수포로 돌아간 것이 너무 안타까워요."

"정말 좋은 말씀이십니다. 남편 분뿐만 아니라 세상일이 그런 것 같습니다. 그동안 쌓았던 오랜 정성이 방심한 순간 모든 것이 물거품이 되지요. 어찌 되었든 남편 분께서 좋은 세상에서 행복하시기를 기원 드리겠습니다."

"감사합니다."

부인의 착한 얼굴 가득 맺힌 이슬방울이 너무 안타까웠습니다.

당신 두고 간 사랑이 _____ 너무 많아 _____ 하루하루 날마다 _____ 배부르게 먹고 쓰고도 남습니다.

* * *

　생사의 갈림길에서 살고자 최선을 다해 노력했던 분의 의지가 정말 대단했기에 암으로부터 회복이 된 것이지요. 암세포를 사라지게 할 정도의 노력이라면 불가능한 일이 없을 것입니다. 하지만 완쾌된 순간, 너무 기쁜 나머지 순간을 방심하여 다시 암세포를 키워냈으니 참으로 안타까운 일입니다. 또한 그분뿐만 아니라, 많은 분들께서 그렇게 암과의 사투에서 완쾌된 후 다시 재발하여 돌아가신다니 더욱 안타까운 일입니다.

　자신이 정성스럽게 쌓아놓은 모든 노력이 하루아침에 물거품처럼 무너지고 사라졌을 때 그 허망한 마음을 무엇으로 표현할 수 있을까요? 잘 될 때일수록 방심해서는 안 되겠습니다.

　파란 하늘 아래
　당신 얼굴이 보이네요.

　환하게 미소 짓는
　당신 얼굴이 보이네요.

　잘 계시지요?
　이젠 아파할 몸이 없으시니

괜찮은가요?

당신 두고 간 사랑이
너무 많아
하루하루 날마다
배부르게 먹고 쓰고도 남습니다.

당신 미소
당신 목소리
어렵게 내밀던 하얀 손끝이
잊혀지지 않습니다.

고마워요.

몸은 같이 할 수 없어도
마음만은 항상 같이 하니까요.

고마워요.
항상 고마웠어요.

사랑하는 당신…….

아무도
오지 않았다

아버지께서 위급하다는 연락을 받은 아들은 급하게 아버지 집으로 달려갔습니다. 그러나 집에 도착해 보니 이미 아버지는 두 눈을 감은 채 조금도 움직일 기색이 보이지 않았습니다. '억' 하는 소리와 함께 그 자리에 주저앉은 아들은 왈칵 눈물이 쏟아졌습니다.

그렇게 얼떨결에 장례식을 치른 후 아들은 유품을 정리하기 위해 아버지가 쓰던 방 안으로 들어갔습니다. 주인 잃은 방은 쾌쾌한 냄새와 함께 아버지의 손때가 묻은 오랜 물건들이 잠자코 침묵을 지키고 있었습니다. 어디선가 '쿨럭' 거리는 아버지의 기침 소리가 들리는 듯했습니다.

이것저것 쓸 만한 것과 버릴 것을 가리기 위해 물건들을 뒤적거리다 서랍 속에서 꽤 두꺼운 노트를 발견하였습니다. 아버지의 일기장이었습니다. 아마도 몇 년 전 어머니가 돌아가신 뒤부터 시작된 일기인 듯 했습니다.

일기장을 펼쳐보았습니다. 색 바랜 종이 자체가 이미 상당한 시간이 흘렀다는 것을 말해 주었습니다. 날짜와 그날의 근황들이 순서대로 하나씩 적혀 있었습니다. 꼼꼼한 성격이 그대로 드러나 있었습니다.

그렇게 몇 페이지를 넘기다 보니 빈 종이 위에 별다른 내용 없이 '아무도 오지 않았다'는 짧은 한 줄이 적혀져 있었습니다. 그런 날들이 며칠 계속되었습니다. 그러다 갑자기 페이지 상단에 별 표시가 있는 부분이 나왔습니다. 상당히 중요한 의미의 표시인 듯했습니다. 그 곳엔 큼지막하게 '아들 전화'라는 제목이 있었고, 종이 위에는 그날 아들과 통화했던 내용이 고스란히 적혀 있었습니다. 아들은 깜짝 놀랐습니다.

어느 날엔 별표시가 몇 개 중복되어 있는 페이지도 있었습니다. 아들이 아버지를 방문한 날이었습니다. 처음엔 별 표시가 3일에 한 번, 일주에 한 번, 그리고 보름에 한 번 나중으로 갈수록 한 달에 한 번……. 최근으로 갈수록 몇 달에 한 번 꼴로 진하게 별표시가 그려져 있었습니다. 얼마나 자주 별 표시들을 열어보았는지 페이지마다 손때가 가득 묻어있었습니다.

무심코 페이지를 넘기며 열어보았습니다.

"아들보고 전화를 햇다. 바쁘다고 햇다. 내 생일인지도 모르는 거 가타따. 바쁜데 괜히 전화를 한 거 같다."

마지막 별 표시가 있던 날의 기록이 남아 있었습니다.

"아들이 요즘 들어 마니 힘든가 부다. 술에 만취해서 전하가 왔
다. 나보고 함께 살자고 한다. 가고 시픈 마음이야 굴뚝가찌만,
지들도 살기 힘든대 나까지 부터 있으면 더 폭폭할 터이니 괜찬
타고 했다. 착한 녀석, 법 업서도 살 녀석, 어릴 때 약 한 첩 몬 먹
여 저리 비실한 건지……, 보일러 바꿀 돈으로 보약 한 첩 지어나
야겠다. 지 애미가 살아 있었으면 저리 두진 않을 터인데……. 보
고잡다. 내 새끼."

한참을 뒤적거려도 더 이상 진하게 별표시를 한 페이지가 나오
질 않았습니다. 종이마다 '아무도 오지 않았다'만 빼곡하게 빈 일
기장을 가득 채우고 있었습니다. 그 때서야 아들은 무릎을 꿇고
통곡하기 시작했습니다. 하염없이 눈물이 쏟아졌습니다.
"아버지, 아버지……. 죄송합니다. 제가 불효잡니다. 아버
지……."

* * *

안타까운 이야기입니다. 부모 마음 자식이 어찌 다 헤아릴 수
있을까마는, 그래도 자식 된 도리라는 것이 있기에, 찾아뵙고 인
사드리고 그것도 안 되면 전화라도 했어야 하는데…….

종이마다 '아무도 오지 않았다'만 빼곡하게 빈 일기장을 가득 채우고 있었습니다. 그 때서야 아들은 무릎을 꿇고 통곡하기 시작했습니다. 하염없이 눈물이 쏟아졌습니다.

아버진 그 쓸쓸하고 외로운 시간 내내 자식 보고 싶은 마음, 그
목소리라도 듣고 싶은 마음으로 하루하루를 살았던 거지요. 부모
마음을 알기엔 너무 오랜 시간이 걸렸습니다.
　'아무도 오지 않았다' 라는 글씨가 잊혀지지 않습니다.

아무도 오지 않았다.

하루 종일
처마 끝에 앉아
대문만 쳐다보았다.

아무도 오지 않았다.

시드는 꽃잎처럼
날이 지는 때
혼자서 먼 하늘만 바라보았다.

아무도 오지 않았다.

상심한 별들은
조금씩 반짝이고

숲 속의 나무들은
밤새 침묵했다.

아무도 오지 않았다.

까치가 아침부터
크게 소리 내어도…….

아무도 오지 않았다.

죽은 마누라가
밥을 떠먹이며
이제 그만 가자 한다.

오늘은 올 것 같은디…….

자살은 가족에 대한
타살이다

　얼마 전 자살한 사람을 위하여 기도를 다녀왔습니다. 장례식장
은 온통 슬픔의 바다였고 가족들의 비통함은 이루 말할 수 없었
습니다. 기도를 하는 중에도 어머니는 바로 옆에서 통곡을 하며
오열을 하였습니다.

　"에이구, 이놈아 어찌 그리 일찍 갔느냐. 어미 생각은 안 하구
선 어찌 그리 일찍 갔느냐, 야 이놈아, 내 새끼……."

　옆에 있던 다른 가족들의 울음소리가 겹쳐 자욱한 향내음 속에
슬픔이 더욱 고조되었습니다.

　한참 동안 돌아가신 분의 극락왕생을 발원하며 기도를 한 후
슬픔에 겨워하는 어머니를 향해 어렵게 말했습니다.

　"어머니……."

　그리곤 말을 맺지 못하고 잠시 고개를 숙였습니다. 오열을 하

고 있던 어머니가 잠시 진정을 하고 나에게로 시선을 돌렸습니다. 두 눈 가득히 발갛게 충혈 된 눈, 초점 없는 눈빛이었습니다.

"슬프시지요. 답답하시구요……. 하지만 이제 우리가 망자에게 해 줄 일이 없네요. 밥 한 끼, 옷 한 벌, 잠자리마저 아무것도 해 줄 것이 없네요."

"그려요……."

힘없는 눈빛으로 어머니가 고개를 숙였습니다.

"우리가 해 줄 수 있는 건 이제 기도밖에 없네요. 본인도 힘들어 할 텐데……. 어머니께서 이렇게 슬퍼하시면 가던 길도 가지 못하고 다시 돌아옵니다."

"그러면 안 되는데……."

"그러니까, 어머니……. 슬프시겠지만 아들을 생각하셔서……. 아들 좋은 데 가라고 기도해 주자구요."

슬피 우는 어머니의 손을 꼬옥 붙잡았습니다. 그 어머니에게 아무 것도 해 줄 것이 없었습니다. 다른 형제들이 어머니를 에워싸곤 고개를 숙이며 함께 흐느꼈습니다.

* * *

장례식장을 나왔더니 너무나 마음이 헛헛했습니다. 하늘도 파랗지 않고 나무도 초록으로 보이지 않고 단풍도 보이지 않았습니다. 어쩔 수 없이 자살한 심정이야 오죽했을까마는 그래도 그것

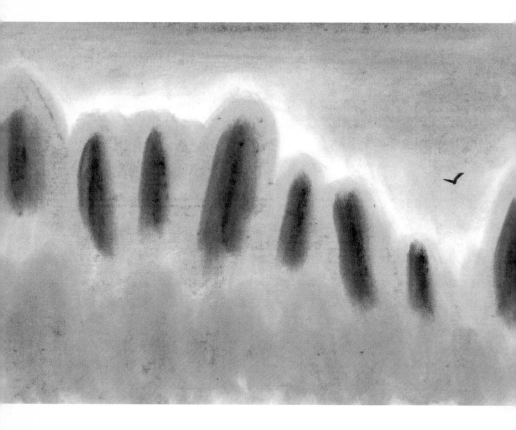

자살은 가족에 대한 일종의 타살이다. _____ 자신만 죽는 것이 아니라 _____
자살한 순간 _____ 가족도 함께 죽는다.

은 아니었습니다. 저리 가족과 동료들의 슬픈 심정을 외면한 채
홀로 목숨을 마친 자살은 비극 그 자체였습니다.

수많은 죽음을 보아왔지만 그 중에서도 자살은 일어나서는 안
되는 죽음입니다. 자신만이 죽는 것이 아니라 온 가족이 함께 죽
는 것이니까요.

자살한
아들을 떠나보내고 통곡하는 어머니를 보았다.

자살한
남편을 떠나보내고 절규하는 부인을 보았다.

자살한
부모를 떠나보내고 슬피 우는 어린 아이들을 보았다.

자살한
친구를 떠나보내고 우는 사람을 보았다.

자살한
이웃을 떠나보내고 우는 사람을 보았다.

그들은 그렇게 갔다.
하지만 혼자서 간 것이 아니라
수많은 사람들의 행복도 앗아갔다.
수많은 사람들의 웃음, 그 미래도 앗아갔다.

자살은 범죄이다.

그 신체는 부모가 낳아준 것이고
그 영혼은 주변 인연들과 함께 성숙한 것이기에
자신의 것은 아무 것도 없다.

죽고 싶어도 죽을 수 없는 것이다.

자살은 가족에 대한 일종의 타살이다.
자신만 죽는 것이 아니라
자살한 순간
가족도 함께 죽는다.

숨을 쉰다고 살아 있는 것이 아니고
밥을 먹는다고 살아 있는 것이 아니다.

기쁨을 잃고 희망을 잃어버린 가족들은
이미 죽어 있는 것이다.

하지만
자살한 사람들은 무책임하다.
도와달라는 말 한마디만 했어도
살 수 있었을 텐데…….

그것마저도 자존심인가?

내 생명
내 모든 것 🌿

몹시 비가 오는 날이었습니다. 친구들과 함께 캠핑을 간 아들이 저녁 늦게 전화를 했습니다.

"엄마, 여기 비가 많이 와. 앞이 하나도 안 보여."

"그래, 비가 오니까 어디 나가지 마. 형들하고 함께 잘 지내. 혼자서 나가지 마. 알았지?"

"응, 엄마. 어디 안 나가고 여기 있을 테니까 아무 걱정 하지 말아. 엄마 보고 싶어."

"애는, 어린애도 아니면서……. 잘 놀다 와. 갔다 오면 또 시험 봐야 하잖아."

"알았어, 시험 얘기 하지 마."

"그래, 잘 있다 와! 아들 사랑해!"

"나두 엄마 사랑해!"

그것이 아들과의 마지막 통화가 될 줄은 아무도 몰랐습니다.

그날 저녁, 갑자기 몰아닥친 폭우와 강풍으로 근처에 있던 둑이 범람하여 산 위에 있던 집들을 모두 휩쓸고 지나간 것이었습니다. 아들은 다음날 차가운 주검이 되어 나타났습니다. 엄마는 아들의 사망 소식에 망연자실하였고 끝내 기절을 하고 말았습니다.

"나가지 말라는 마지막 말을 하지 않았더라면……. 집 안에 갇혀 있다 봉변을 당한 것 같아 너무 가슴이 아파요."

엄마의 가슴 속에 씻을 수 없는 후회와 뜨거운 눈물이 하염없이 솟아올라 주변의 많은 이들을 가슴 아프게 하였습니다.

* * *

세상엔 알 수 없는 운명이 있습니다. 우린 한 치 앞을 모르면서 너무 자신 있게 인생을 삽니다. 불행한 일을 보면 남의 일이겠지 하는 생각에 그냥 지나쳐버립니다. 하지만 불행은 어느 특정한 사람만을 찾아다니는 것이 아니라 누구든지 불행이 던진 그물에 걸릴 수가 있지요.

밖에 나가지 말라는 말을 한 것 때문에 아들이 거센 폭우에 휩쓸려 간 것일지도 모른다는 엄마의 절규가 너무나 가슴 아픕니다. 그런 것이 엄마의 마음이겠지요.

비극적인 운명이라도 반드시 운명을 뛰어넘는 놀라운 예정이

준비되어 있습니다. 눈물이 멈출 수 있도록 우리의 따뜻한 관심
과 사랑을 더욱 기울여야겠습니다.

엄마 여기는 비가 많이 와

그래 아들아,
어디 나가지 말고 꼭 집 안에 있어
알았지?

네 엄마...

그렇게 착했던 아들이 갑자기 사라졌습니다.

내 생명
내 모든 것
나의 분신이었던 아들이
내게서 사라졌습니다.

착했던 영혼이
어디론가 사라졌습니다.

분명 방금 전까지

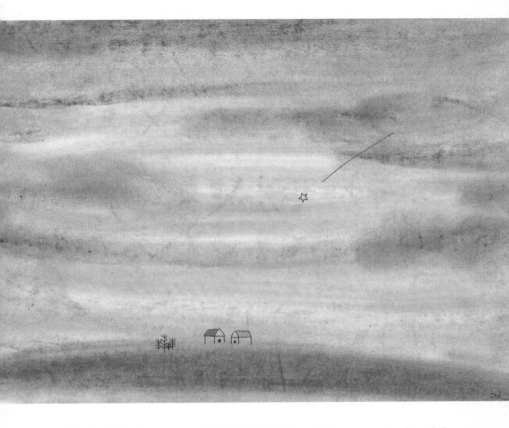

더 이상 네 웃음소리 _____ 네 환한 미소를 보진 못해도 _____ 엄마는 항상 아들과 있어.

또 보자. _____ 사랑하는 영혼에게는 결코 이별이 없는 것이니까.

나에게 사랑한다는 말을 해 주었던
아이가
지금은 곁에 없습니다.

우리 아이가 어디로 갔을까요?
내 생명이 어디로 떠나갔을까요?
나는 이제 어떻게 살아야 할까요?

왜 아무도 대답을 해 주지 않는 거죠?
네?
네?
…

사랑하는 내 아들
착한 내 아들

어디서든 행복해라.
엄마가 곁에 없어도
무서워하지 말고
배고파 울지 말고
어디서든 행복해라.

엄마가 미안해.

정말 미안해.

한 번도 너를 행복하게 못해 준 것 같아
정말 미안해.

엄마 욕심만 챙기느라
네가 원하는 것 하나도 해 준 적이 없잖아.

내 착한 아들
내 고마운 아들
사랑해
정말 사랑해...

더 이상 네 웃음소리
네 환한 미소를 보진 못해도
엄마는 항상 아들과 있어.

또 보자.
사랑하는 영혼에게는 결코 이별이 없는 것이니까.

아들 사랑해.
많이 사랑해…….

그래서 사랑입니다

2011년 8월 10일 초판 1쇄 인쇄
2011년 8월 13일 초판 1쇄 발행

글쓴이 형지
펴낸이 이규만
펴낸곳 참글세상

등록일자 2009년 3월 11일
등록번호 제300-2009-24호
주소 서울시 종로구 낙원동 58-1 종로오피스텔 1020호
전화 02)730-2500, 725-2800
팩스 02)723-5961

ISBN 978-89-94781-02-0 03220

* 잘못된 책은 바꾸어 드립니다.
* 책값은 뒤표지에 있습니다.
* 이 책의 수익금 1%는 나눔의 기금으로 쓰입니다.